JN410878

어린 왕자의 사람을 사랑하는 법

어린왕자의 사랑을 사랑하는 법

최복현 지음

YANG MOON

어린 왕자로부터 세상을 배우다

"같은 시간에 오는 게 더 좋을 거야. 가령 네가 오후 네 시에 온다면 세 시부터 나는 행복해지기 시작할 거야. 시간이 가면 갈수록 그만큼 난 더 행복해지겠지. 네 시가 되면 이미 나는 불안해지고 안절부절못하게 될 거야. 난 행복의 대가가 무엇인지 알게 될 거야! 하지만 네가 아무 때나 온다면, 몇 시에 마음의 준비를 해야 할지 난 알 수 없어…… 의례가 필요해."

《어린 왕자》를 100번 이상은 읽은 것 같다. 그렇게 읽어도 질리지 않는다. 읽을수록 새로운 느낌이 솟아나서다. 질리기는커녕 눈물 나도록 즐겁다. 그만큼 어린 왕자는 나에게 소중한 친구다. 세상을 의미 있게 살아가도록 가르쳐주는 친구, 진실이 얼마나 아름다운지를 가르쳐주는 친구, 소중한 것을 어떻게 간직해야 할지를 가르쳐주는 친구, 정말 아름다운 우정, 또는 사랑은 어떻게 가꾸어야 하는지를 가르쳐주는 친구, 나에겐 참 좋은 친구다.

그는 친구란 상점에서 살 수 있는 것이 아니라며, 같은 방향에서 같은 줄로 연결되어 바라보는 것이라고 가르쳐준다. 상점에서 살 수 없는 친구, 돈을 주고 살 수 없는 이런 우정이나 사랑을 나는 어린 왕자에게 배운다. 그렇게 얻은 아름다운 교훈들, 조용하면서도 가슴을 뭉클하게 하는 울림들을 혼자 기억하기에는 너무 아쉬워서 이 책에 하나둘 쏟아보기로 했다.

지금 내가 써 가려는 이야기는 사람을 만나서 그 사람과 내가 어떻게, 어떤 관계를 맺어야 바람직한가에 대해서가 아니라 어떻게 해야 아름다운가에 대한 것이다. 그러니까 이 책은 처세술과는 거리가 멀다. 비록 좁게는 친구 만나기 또는 사랑하는 사람 만나기로 출발하여, 넓게는 사람들과 만나고 관계를 맺고 아름답게 살아가는 것이 주제이긴 하지만, 일반적인 인간관계와는 다르다. 성공이나 처세를 위한 만남의 방법이 아니라 정말 돈이나 명예나 권력이나 처세로 사람을 사귀는 법이 아니라, 마음으로 만나고 마음으로 사귀고 마음으로 사랑하고 마음으로 맺는 사람과의 아름다운 관계를 이야기한다.

그러면 사람과 사람의 만남이 얼마나 소중한 가치가 있고, 얼마나 의미가 있으며, 얼마나 아름답고, 눈물겹도록 소중한지를 알게 될 것이다. 이 책에서 필자는 아름다운 사람들 간의 관계의 미학을 가르쳐주는 어린 왕자에게 배우는 진정한 연금술적인 사랑법을 이야기하려 한다. 그래서 우리 사는 세상이 더 이상 삭막하지 않으며, 기쁨에 겨워 살아갈 수 있는 공간이라는 것을 차근차근 이야기하려고 한다.

《어린 왕자》의 주제를 흔히 심안법이라고 한다. 맞는 말이다. 마음으로 보아야 진실한 인간관계, 아름다운 인간관계가 이루어질 수 있으니까. 《어린 왕자》를 펼치면 처음에 코끼리를 삼키는 보아뱀 그림이 나온다. 아이들은 그림의 진실을 알지만 어른은 모른다. 어른은 자기 고집이 생겨서이다. 그래서 자기 식의 눈으로만 보려고 하지, 질문자의 의도를 전혀 고려하지 않는다. 지식의 편견으로 인한 맹인이다,

다음엔 양을 그려날라는 어린 왕자와 기관사, 여기서도 결국 어린 왕자는 보이지 않는 상자 속 양을 본다. 한편 어린 왕자가 살고 있는 별을 발견한 천문학자는 옷차림 때문에 사람들의 인정을 받지 못한다. 이러한 사건들을 통해 작가가 말하고자 한 것은 사람들은 모두 겉으로 드러난 모습만 보고 평가하려 들기 때문에 정작 중요한 것은 보지 못한다는 것이다.

이제 어린 왕자는 장미와 결별하고 여행을 떠난다. 견문을 넓혀서 제대로 세상을 보고, 장미와 불화를 극복하고 온전히 장미를 사랑하고 싶어 떠난 여행이다. 진정한 장미의 연인이고 싶고, 진정한 왕이 되고자 떠난 여행이다. 어린 왕자가 찾아간 별들은 아주 작고 한 명씩만 살고 있다. 그러니 혼자라는 단점 때문에 그들은 제대로 중요한 것을 볼 수 없다. 잘못된 시각도 교정할 수 없다. 혼자이기 때문이다. 그리고 그 좁은 세계에서 벗어날 생각조차 하지 않는다. 왕, 허영쟁이, 술꾼, 사업가, 점

등인, 학자 모두 마찬가지다.

해답을 찾지 못한 채 지구까지 왔지만 지구라고 별로 나을 게 없다. 이들은 여섯 개의 별에 있는 사람들과는 달리 많은 사람이 섞여서 산다. 그럼에도 이들은 각각 자기 고집에 사로잡혀 제대로 세상을 보지 못한다.

결국 어린 왕자에게 진정한 인간관계를, 사랑을, 우정을 제대로 가르쳐준 현자는 바로 여우다. 여우는 어떻게 그런 지혜를 얻을 수 있었을까? 그는 척박한 환경에서, 죽음의 위협 앞에서 살고 있기 때문이다. 그런 환경에서 삶의 지혜를 얻었기에 그의 산 체험은 지혜롭고 진실하다. 그러니 사랑을 잃어버린, 우정을 잃어버린 어린 왕자에게 삶의 지혜를, 사람을 사랑하는 지혜를 가르쳐줄 자격을 갖춘 것이다. 현자 여우는 마치 생텍쥐페리의 친구 기요메가 그에게 비행하는 법을, 죽음에서 살아남는 법을 가르쳐주듯이, 어린 왕자에게 자기 경험을 잘 소화하여 가르쳐준다.

이렇게 이 책의 줄거리를 추적해 보면 어린 왕자가 잃어버린 우정 또는 사랑의 회복을 보여주려 한다는 것을 알 수 있다. 겉으로 드러난 언행들, 모습들로만 어린 왕자는 장미를 판단했다. 그런데 장미가 그에게 보여준 언행 그리고 모습은 전부가 아니었다. 겉으로 드러난 것, 감각으로 감지할 수 있는 그 무엇의 이면에 감추어진 것이 뭘까. 장미의 짜증이나 거짓말, 허영의 진실은 뭘까? 장미는 왜 어린 왕자를 못 살게 굴었을까? 침묵하고 있는 이유는 뭘까? 어린 왕자는 장미의 그런 모습들을 좀 더 깊이 있게 알아보기 위해 왜라고 물었어야 했다. 하지만 어린 왕자는 장미의 그 모습들을 전부로 알고 떠나왔다.

어린 왕자도 작은 별에 사는 여섯 명처럼, 지구인들처럼 겉으로만 보고, 눈으로만 보고 장미를 판단해왔던 것이다. 이제 알았다. 어린 왕자는 바로 현자 여우에게서 사랑이란 길들이는 것이고, 그 길들임을 위해서는 서서히 가까워지게 하는 약속, 같은 것을 다르게 볼 수 있게 하는 의례, 그 의례를 위해 희생해야 하는 봉사와 정성이라는 자기 희생이 필요한 의례, 즉 통과의례가 필요하다는 것을 배웠다.

이렇게 어린 왕자는 진정으로 사랑하는 법, 진정으로 우정을 맺는 법을 배운 덕분에 이제는 자신의 장미에게 돌아갈 수 있게 되었다. 그것은 자존심의 문제도 아니고, 서로 밀고 당기고의 문제도 아니라는 걸 배운 것이다. 그래서 어린 왕자는 장미에게 돌아갈 용기가 생겼다.

우리도 살아가면서 우정으로, 사랑으로 고민할 때가 많다. 우리의 기쁨도 슬픔도 모두 사람과의 관계에 있다. 이것이 잘 되지 않으면 몸도 마음도 병들 수밖에 없다. 그러니 우리도 어린 왕자를 따라가면서 진정한 우정을, 아름다운 사랑을 배워보자. 이 책이 그 길을 잘 안내해줄 것이다.

《어린 왕자》 속에 녹아 있는 수많은 이야기들 중에 사람과 사람 간의 만남에 관한 이야기만 고른 이 책의 가장 중요한 주제는 바로 이러한 인간관계의 회복이다. 인간관계의 아름다운 회복, 그것은 바로 마음의 눈으로 보는 것이란 의미다

"중요한 것은 눈으로 볼 수 없어. 마음으로 보아야 하는 거야."

그렇게 길들여지면 서로가 편안함의 의미가 되고, 그렇게 길들여진 관계를 잘 유지하기 위해 필요한 것은 무엇보다도 길들인 것에 대해 책임

을 지는 일이란 것을 여우는 어린 왕자에게 알려준다. 바로 우리에게도.

"사람들은 이 진실을 잊어버렸어. 하지만 넌 그걸 잊으면 안 돼. 네가 길들인 것에 넌 언제나 책임이 있어. 넌 네 장미한테 책임이 있어……."

사람다운 사람이 잘 살 수 있는 세상을 만들겠다며, 처세보다는 사람들의 마음을 움직여서 사람 사는 세상을 만드는 데 도움이 될 책들을 내고 싶다며 이 책의 출판을 허락해준 양문출판사 대표와 아름다운 책을 만들기 위해 애써준 편집부에 감사를 전한다. 또한 이 책을 읽어줄 아름다운 독자님들께 미리 감사드린다.

Contents

사랑을 가르쳐준 최고의 사랑학 강사 여우

어린 왕자에게 배우는 가시장미를 사랑하는 기술

3 PART

사랑을 아름답게 유지하는 법

4 PART

아름답게 이별하는 기술

5 PART
어린 왕자에게 배우는 사람을 사랑하는 기술

6 PART
다양한 직업을 가진 사람들과의 만남

"누구나 자기가 길들인 것밖에는 알 수 없는 거야. 사람들은 이제 무얼 알 만한 시간조차 없어. 그들은 상점에서 만들어져 있는 모든 것을 사는 거지. 하지만 친구를 파는 상인은 없기 때문에 사람들은 친구가 없는 거야. 네가 친구를 갖고 싶다면 나를 길들이면 돼!"

여우가 말했어요.

"뭘 해야만 되니?"

어린 왕자가 말했어요.

"참을성이 있어야 돼. 우선 넌 나와 좀 떨어져서 그렇게 풀밭에 앉아 있는 거야. 난 곁눈질로 널 볼 거야. 넌 아무 말도 하지 마. 말은 오해의 씨앗이거든. 하지만 날마다 너는 조금씩 더 가까이 앉으면 돼……."

여우가 대답했어요.

그 다음날 어린 왕자는 다시 왔어요.

여우가 말했어요.

"같은 시간에 오는 게 더 좋을 거야. 가령 오후 네 시에 네가 온다면 세 시부터 나는 행복해지기 시작할 거야. 시간이 가면 갈수록 그만큼 난 더 행복해지겠지. 네 시가 되면 이미 나는 불안해지고 안절부절못하게 될 거야. 난 행복의 대가가 무엇인지 알게 될 거야! 하지만 네가 아무 때나 온다면, 몇 시에 마음의 준비를 해야 할지 알 수 없잖아…… 의례가 필요해."

"의례가 뭐야?"

어린 왕자가 말했어요.

"그것도 너무 잊혀져 있는 것이지. 그건 어떤 날을 다른 날과 다르게, 어떤 시간을 다른 시간과 다르게 만드는 거야. 이를테면 나를 사랑하는 사냥꾼들에게도 의례가 있지. 그들은 목요일이면 마을 처녀들하고 춤을

PART 1

사랑을 가르쳐준 최고의 사랑학 강사 여우

춘단다. 그러니까 나에게는 목요일이 아주 신나는 날이야! 나는 포도밭까지 산책을 나가지. 만일 사냥꾼들이 아무 때나 춤을 춘다면 날마다 같은 날들일 거야. 그러면 내겐 휴일이 없을 거야."

여우가 말했어요.

어린 왕자는 여우를 길들였어요. 그리고 떠날 시간이 다가왔을 때, 여우가 말했어요.

"아……! 난 울 것 같아."

"그건 네 잘못이야. 난 너를 조금도 괴롭히고 싶지 않았는데 네가 길들여주길 원해서……."

어린 왕자가 말했어요.

"물론, 그래."

여우가 말했어요.

"그런데 넌 울려고 하잖아!"

어린 왕자가 말했어요.

"맞는 말이야."

여우가 말했어요.

"그럼 넌 하나도 얻은 게 없잖아!"

"얻은 게 있어. 저 밀 색깔이 있으니까."

여우가 말했어요. 그리고 덧붙였어요.

"장미들을 보러 가렴. 너는 네 꽃이 이 세상에 단 하나란 걸 알게 될 거야. 그리고 나에게 이별의 인사를 하러 와. 그럼 비밀 하나를 선물로 줄게."

최고의 사랑학 강사
현자 여우를 만나다

사막에 살고 있는 '페네크'란 이름의 여우는 관목에 기생하는 달팽이류만 먹는다. 페네크는 겁이 많은 토기만한 크기의 야행성 동물이며, 노란색을 띠고 있다. 인간이 사는 근처에는 나타나지도 않으며, 닭을 잡아먹는 일도 없다.

생텍쥐페리가 사막에서 조난되어 생명의 위협을 느끼고 있을 때 이 여우를 만났다. 생명체라곤 보이지 않는 사막에서 만난 여우는 신비스러운 존재였다. 그 여우를 따라가 보았다. 한 끼 식사를 위해 수백 그루의 나무를 옮겨다니는 여우, 여우가 지나간 관목을 살펴보니 둘이 짝짓기를 하는 달팽이는 먹지 않고, 혼자 있는 달팽이만 골라서 잡아먹었다. 그는 여우의 지혜와 현명한 행동에 놀랐다. 생산력이 없는 달팽이는 잡아먹고, 미래를 위해 둘이 있는 달팽이들은 그대로 남겨두는 것이다. 달팽이가 번식을 해야 나중에 먹을 양식이 되기 때문이다. 그 지혜로움을 본 삭가는 여우를 현자로《어린 왕자》속에 등장시켰다. 여기에 등장하는 여우는 실제 사막에서 만날 수 있는 여우가 아니라 작가가 나름의 특성을 부여한 것이다.

> "안녕."
> 여우가 인사했어요.
> "안녕."
> 어린 왕자는 얌전히 인사하고 고개를 돌렸지만 아무것도 보이지 않았어요.
> "여기 있어. 사과나무 밑에……."
> 그 목소리가 들려왔어요.
> "넌 누구니? 정말 예쁘구나……."
> 어린 왕자가 말했어요.
> "난 여우야."
> 여우가 말했어요.

어린 왕자는 장미와 관계가 나빠지자 자신의 별을 떠나서 여행을 시작한다. 그는 많은 여행을 한다. 독특한 사람들이 살고 있는 별들을 여행하며 지구까지 온다. 어린 왕자가 자기 꽃에게로 돌아가기 위해서는 명분이 필요하다. 아니면 네 개의 가시로 접근을 막는 그 꽃을 이해해주거나, 사랑하는 법을 배워야만 그는 장미에게 돌아갈 수 있다.

"넌 누구니? 정말 예쁘구나……"

어린 왕자가 말했어요.

어린 왕자가 그 꽃을 떠나왔듯이 생텍쥐페리 역시 "사랑에도 휴가가 필요하다."며 실제로 아내와 1년간의 별거를 약속했다. 하지만 당시 프랑스는 독일의 점령 아래 있었기 때문에 그는 돌아가지 못했다. 어린 왕자는 장미와의 불화를 해결하고 다시 화해를 해야 한다. 작가 또한 아내와 화해를 해야 한다. 어린 왕자와 장미, 생텍쥐페리와 아내의 관계, 어린 왕자와 작가는 서로 닮아 있다.

어린 왕자에게 이를 해결하는 방법을 가르쳐주는 스승 여우는 일반적인 개념의 간교한 이미지를 벗어버리고 현명하고 지혜로우며 삶의 연륜을 갖춘 현자로 등장한다. 사막의 여우가 자기 생존을 위해 먹이를 관리하는 모습은 우리 인간보다 더 현명하다. 사막의 여우는 어린 왕자에게 진정으로 사랑하는 법을 가르쳐주기 시작한다. 진정한 사랑은 현자만이 알 수 있으니까. 사랑하는 법을 알아야 제대로 사랑을 할 수 있다. 서로 다른 존재들이 하나로 서기까지에는 현명한 지혜가 필요하다. 느낌만으로, 생각만으로는 제대로 진정한 사랑을 할 수 없기 때문이다.

"넌 누구니? 정말 예쁘구나……."

사람은 속을 들여다볼 수가 없다. 그래서 겉으로 드러난 모습으로 상대를 평가한다. 그러다 보니 당연히 외모를 통해 그 사람과 교감한다. 서로가 느낌이 통하면 가까이 다가간다. 길들이기의 대상은 일반적인 사람들 중에서 선택한 특별한 사람이다. 누군가에게 선택을 받는다는 것은 그래서 설레고 행복한 일이다. 사랑받기 위해서라면 우선 남에게 좋은 인상을 보여주어야만 한다. 그러므로 나를 가꾸려 노력해야 한다.

삶이 긴 것 같으면서도 짧고, 짧은 것 같으면서도 길게 느껴짐은 물리적 시간과 감성적 시간이 다르기 때문이다. 살아가면서 삶의 모퉁이를 돌아서곤 할 때마다 우리는 여러 부류의 사람을 만난다. 언제나 누구를 만나든 처음 만나는 사람에 대해서는 호기심을 갖는다. 세상에 태어났을 때부터 어린 시절 동안 우리는 아이일 뿐이다. 굳이 남자아이, 여자아이로 구분 지을 필요를 느끼지 못하는 시절이다. 자라면서 우리는 이성을 구분하게 된다. 그때서야 비로소 남자가 되고 여자가 된다. 서로가 다르다는 건 서로에게 호기심 이상의 감정을 가져다준다. 남자는 남자끼리 서로 다르고, 여자는 여자끼리 서로 다르다. 서로의 감정이, 느낌이, 생김새가 각기 다르다.

우리는 누군가를 만나면서 끼리끼리 사는 문화를 만들어간다. 나와 다른 사람과의 만남, 그에 따른 호기심이나 관심으로 첫만남은 시작된다. 첫만남, 여기에서 발전되는 관계가 있고, 거기에서 끝나는 관계도 있다. 하나의 문을 열었다고 그 안으로 모두 들어가는 것은 아니다. 사람과 사람의 만남은 아주 많은 문을 열도록 되어 있다. 그 문들을 차례로 열어가야 한다. 첫 문 이후에는 선택이 필요하다. 계속 전진할 것인지 되돌아 나올 것인지의 선택이다. 그렇게 결국 선택했다면 하나씩 그외의 관계의 문을 열어가면서 서로 익숙해져야 한다.

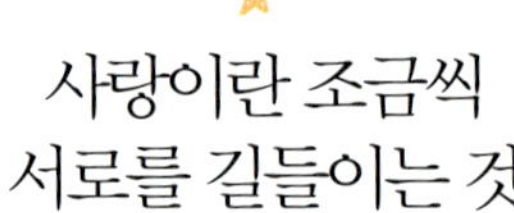

사랑이란 조금씩 서로를 길들이는 것

우린 누군가를 만나고 싶어 한다. 다 똑같은 것 같지만 느낌이 있는, 느낌이 통하는 그 누군가를. 그리고 그와 가까워진다. 가까워진다는 건 서로를 알아가면서 서로의 거리라는 공간이 좁아져서 가까이 다가간다는 의미다. 동성끼리 길들여지면 우정, 이성 간에 길들여지면 사랑이다. 물론 이성 간에 싹트는 우정도 있다. 서로가 서로를 구속하려 하지 않을 때 우정도 가능하다. 좋게 길들여진다는 건 서로에게 좋은 일이다.

"나랑 놀자. 난 너무나 슬퍼……."
어린 왕자가 여우에게 제안했어요.
"난 너하고 놀 수가 없어. 난 길들여지지 않았단 말이야."
여우가 말했어요.
"아! 미안해."

어린 왕자가 말했어요. 그러나 어린 왕자는 깊이 생각한 끝에 다시 물었어요.

" '길들인다' 는 게 무슨 의미지?"

"넌 여기 아이가 아니구나. 넌 무얼 찾고 있니?"

여우가 말했어요.

"난 사람들을 찾고 있어. '길들인다' 는 게 무슨 뜻인데?"

어린 왕자가 물었어요.

평소와 달리 문득 쓸쓸한 날이 있다. 왠지 슬퍼지는 날, 그런 날이면 누군가 그리워진다. 언제나 불러낼 수 있고, 언제나 이야기 나눌 수 있는 그런 친구가 필요하다. 그럴 때 만나는 사람, 그럴 때 찾아와 이야기를 나누어주는 사람은 더 반갑다. 친구는 그 날을 위해 필요할지 모른다. 그렇다고 해서 필요할 때마다 친구를 살 수도 없다. 친구란 하루아침에 만들어지는 게 아니라 많은 시간, 많은 추억의 공유가 필요하기 때문이다. 그렇게 해서 관계를 맺은 사람을 언제나 가까이 머물 수 있도록 하려면 그를 진실한 친구로 만들어야 한다.

슬픔에 잠긴 어린 왕자는 여우에게 같이 놀 것을 요청한다. 하지만 여우는 그 말을 거부한다. 길들여지지 않았기 때문이란다. 그러면서 여우는 친구를 필요로 하는 어린 왕자에게 길들임에 대한 화두를 던진다. '길들이다' 라는 의미의 영어 'tame' 은 용기나 정열 따위를 '누르다', 또는 '나약하게 하다', '고분고분하게 만들다' 등의 여러 의미를 가진 단어이다. '길들인다' 는 말은 서로에게 순응하는 관계로의 발전을 의미하는 것 같으면서도 한편으로는 부정적인 의미를 내포하는 듯하다. 마치 사람을 애완동물로 취급하는 것 같아서 말이다.

길들인다는 말 대신에 '서로에게 익숙해지다' 란 말이 좋을 듯 싶다. 익숙해진다는 건 서로를 잘 알게 되어서, 이를테면 어떤 취향, 성격 등을 잘 알기 때문에 함께 있어도 불편함을 느끼지 않으며, 일상처럼 편안해짐을 의미한다. 길들인다는 것은 정이 드는 것이며, 익숙해지는 일이며, 서로가 관계 속에 있는 것이라 해두자.

그러나 길들여지고 나면 우리는 객관성을 잃는다. 합리화되고 익숙해진다. 이 익숙함에 더 의미부여를 하여 누군가에게 특별한 사람으로 존재하는 것, 그것을 서로 길들여진 관계라 해두자. 그렇게 되면 서로를 특별하게 여기며, 소중하게 여긴다.

사랑도 길들임의 일종이다. 서로를 길들이고 길들여짐 말이다. 일단 익숙해지면 그는 나에게 특별한 존재가 되고, 그 또한 나를 특별한 존재로 인식한다. 한번 서로 길들여지고 나면 함께 있을수록 더 편안하고, 더 기쁘다. 이렇게 서로 길들여진 좋은 사람이 옆에 있는 한 이제 외롭지도 않고 혹여 슬픔이 찾아올 때 그 감정도 반감된다. 그래서 우리에겐 이런 특별한 친구, 특별한 사람이 필요하다. 우리는 서로를 길들이고 길들여져야 한다. 말을 섞을 사람도 없고, 마음을 나눌 사람도 없는 황량한 현대라는 사막을 건너가기 위해, 세상을 삼킬 듯이 밀려오는 홍수와도 같은 격류를 따라 징검다리를 건너야 하는 슬프고도 고독한 세상을 살아가

"'길들인다'는 게 무슨 의미지?"

려면 서로에게 위로가 되는 그런 사람이 필요하다. 그러니까 너는 나를 길들이고 나는 너를 길들여서 서로 의지하며 살아야 한다.

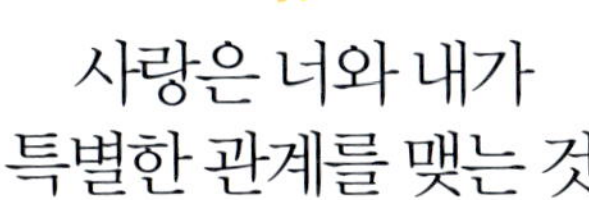

사랑은 너와 내가 특별한 관계를 맺는 것

길들여신다는 것은 육체적인 거리뿐 아니라 정신적인 거리가 아주 좁아졌다는 의미다. 서로 가까이 다가서도 경계하지 않는다. 반면에 길들여지지 않은 누군가가 다가오면 불편하다. 그렇게 서로가 길들여져 가까워질수록 함께 있고 싶은 마음이 간절하다. 그것이 사랑이다. 사랑이란 서로에게 길들여진 관계, 서로에게 편안해진 관계이다.

"사람들은 총을 가지고 있어. 그 총으로 사냥을 하지. 그래서 아주 거북해! 그들은 닭도 키우는데 그게 유일한 낙이야. 넌 닭을 찾고 있니?"

"아니야. 나는 친구들을 찾고 있어. '길들인다'는 게 무슨 뜻이야?"

어린 왕자가 물었어요.

"그건 너무나 잊혀져 있는 거지. 그건 '관계를 맺는다……'는 의미야."

여우가 말했어요.

"관계를 맺는다고?"

"그래."

'잊혀져 있는 것' 이라는 단어 'neglected' 는 '소홀히 하는' 이란 의미에 더 가깝다. 서로가 관심을 가질 때 서로에게 익숙해질 수 있다. 서로 소홀히 대하면 서로간의 거리는 점차 멀어진다.

여우는 어린 왕자에게 길들인다는 것은 관계를 맺는다는 의미라고 말한다. 아무리 좋은 관계를 맺었다고 해도 소홀히 하면 그 익숙해진 것들은 과거로 묻히고, 이내 잊히게 마련이다. 그러면 그 익숙했던 관계는 서로 서먹서먹하고 어색한 사이로 벌어진다. 그러므로 길들인다는 것은 잊혀짐과는 반대편에 있다. 자주 접하면서 서로 간에 익숙한 관계를 유지해야 한다.

살아가면서 수많은 사람들을 만난다. 등산을 하다가 그냥 지나치기가 어색해서 인사를 나누는 일도 흔치 않은 일이며, 더구나 서로가 정식으로 인사라도 나누는 사이라면 그것이 어떤 관계든 인간관계 속으로 들어가는 셈이다. 물론 그 만남으로 끝나는 경우도 비일비재하다.

사람은 만남을 통해 서로 관계를 맺는다. 만남의 횟수를 늘려가면 서로에게 익숙하다. 그렇게 익숙해지면 어색함도 사라지고 일상처럼 정겨워진다. 그것을 길들여짐이라고 한다.

모르던 관계에서 아는 관계가 되고 더 나아가 익숙해진 관계, 이미 서

나는 너한테 세상에 단 하나밖에 없는 존재가 될 거고……

로가 일상처럼 된 것 같아 지내기가 편한 관계, 이런 관계는 이미 특수한 관계이다. 그 정도 관계라면 막상 헤어지려고 하면 마음이 아리다. 그래서 우리는 익숙해지기 전에, 길들여지기 전에, 서로의 만남의 미래도 가늠해보아야 한다. 진정으로 좋은 관계를 위한 만남을 원한다면 현재 속에 있으면서 미래까지 보려 해야 한다. 그렇게 미래까지 감안하면서 맺은 관계이건만 그 약속들이, 함께 쌓은 그 추억들이 깨질 순간들도 온다. 이것이 우리 인간들이 맺어가는 관계들이다.

"내게 넌 아직 수십만의 아이들과 같은 어린아이일 뿐이야. 난 네가 필요하지 않고, 너도 역시 내가 필요하지 않아. 너에게는 내가 수십만의 여우들과 같은 여우에 불과하니까. 하지만 네가 나를 길들인다면 우리는 서로를 필요로 하게 될 거야. 너는 나에게 이 세상에 유일한 존재가 될 거야. 나는 너한테 세상에 단 하나밖에 없는 존재가 될 거고……."

네가 나를 길들이고, 내가 너를 길들여 서로 익숙한 관계가 되면 일반적인 일들이 특별한 의미로 바뀐다. 일반적인 사람이었던 네가 이제 나에게 특별한 사람으로 다가온다. 너는 나에게 특별한 의미가 된다. 너는 아름답고, 멋있고, 너의 목소리는 황홀하고, 너의 걸음걸이, 너의 모습 하나하나가 나에게는 좋고 아름답고 의미 있다. 나는 너를 사랑하고 있는 것이며, 그만큼 나는 너에게 익숙해져 있다는 의미다. 그래서 길들여진다는 것은 익숙해지는 일이며 함께 있어도 오히려 더 편안하다는 뜻이다.

마찬가지로 어떤 일이든 길들여지면 그 일에 대해 두려움도 사라진다. 우리는 누군가에게 길들여지면서 그를 믿게 되고 그에 대한 추호의 의심도 하지 않는다. 그러면 마음이 편안해지고 두려움도 사라진다.

하지만 길들여졌다고 해서 그 인간관계가 완전해지는 것은 아니다. 오히려 잘못된 길들여짐은 우리의 인생을 망쳐버릴 수도 있으며 상대에게 상처를 줄 수도 있다. 우리가 세상을 살아가면서 관계맺기를 하는 것은 단순한 습관일 수도, 관습일 수도 있다. 이런 필연적인 길들임에서 우리가 행복해지고 보람 있는 삶을 살기 위해서는 그 길들임의 대상을 어떻게 선택하느냐 누구를 선택하느냐가 중요하다. 관계 속으로 들어가는 것은 많은 사람들 중에서 특별하게 생각하는 사람과의 만남을 의미하며, 달리 보는 것을 의미한다. 나에겐 다른 누구보다 특별한 존재가 된 그와의 좋은 관계를 유지하기 위해 기억의 창고를 열어 좋은 기억들을 차곡차곡 채워야 한다. 그러면 그 기억들은 아름다운 추억으로 바뀌어 저장된다. 훗날 서로에게 있을 수도 있는 불신이나 오해, 그때에 함께 저장해 둔 추억들은 좋은 치료제가 되어 서로의 상처를 감싸주는 역할을 할 것이다.

☆

사랑은 서로를 상징으로 마음에 간직하는 것

살아가면서 이러저러한 관계를 맺고, 그러다가 헤어지기도 하고, 그 관계를 유지하기도 한다. 하지만 언젠가는 어떠한 형태로든 결별을 하는 것이 필연적이다. 그 결별이란, 결국 떠나는 자가 아니라 남아 있는 자의 몫으로 남는다. 그에게는 헤어짐의 여운으로 남는다.

남아 있는 자의 뇌리에 떠난 이에 대한 기억들이 항상 떠오르지는 않는다. 살아가는 일들로 잊혀져 있다. 그러다 어느 순간 떠난 그 사람이 문득 떠오르는 때가 있다. 전혀 기억에 없다고 생각한 사람이 기억 속에 남아 있었던 것이다. 그 사람과 만나서 쌓았던 추억의 편린들이다. 그가 즐겨 입었던 옷이라든가, 아니면 그를 닮은 모습의 누군가를 만난다든가, 그와 걸었던 그 길을 다시 걷게 된다든가 그와 연관된 그 무엇인가와 우리의 뇌리가 부딪치는 순간 그의 지난 모습이 우리에게 다가온다. 이렇게 과거의 모습과 과거와 닮은 현재가 겹칠 때, 갑자기 우리 뇌리에 살아나 우리를 추억에 젖게 하거나, 이전의 일들이 상기되어 다가오는 순간이 있다. 이때 떠오른 모습들, 잔영들을 우리는 상징이라 부른다. 상징은 과거와 현재를 이어주는 가교이다. 그러한 상징들이 많이 남아 있는 만남일수록 보다 의미 있었다고 할 수 있다.

"내 생활은 단조로워. 나는 닭을 쫓고, 사람들은 나를 쫓지. 닭들은 모두 서로 비슷하고, 사람들도 모두 비슷해. 그래서 난 좀 권태로워. 그러나 네가 날 길들인다면 내 생활은 햇빛을 받은 것처럼 밝아질 거야. 다른 발자국 소리와는 다르게 들릴 너의 발자국 소리를 나는 알게 될 거야. 다른 발자국 소리가 나면 나는 땅 속으로 숨겠지. 네 발자국 소리는 음악소리처럼 나를 굴 밖으로 불러낼 거야. 그리고 저길 봐. 밀밭이 보이지? 나는 빵을 먹지 않아. 밀은 나한테 쓸모가 없어. 밀밭을 보아도 아무 생각도 떠오르지 않아! 그래서 슬퍼! 그러나 네 머리칼은 금빛이야. 그래서 네가 날 길들인다면 정말 신날 거야! 밀도 금빛이기 때문에 밀은 너를 기억하게 해줄 거야. 그래서 밀밭을 스치는 바람소리까지 사랑하게 될 거고……."

어린 왕자를 만나기 전에 밀밭은 여우에게 아무런 의미도 갖지 못하는 공간에 지나지 않았다. 하지만 어린 왕자와의 만남 이후 잊지 못할 무언가로 자리 잡았다. 밀이 어린 왕자의 머리카락 색깔과 닮아 있음으로써 어린 왕자를 상징하게 된 것이다.

이제 어린 왕자가 떠나고 나면 여우는 그를 잊게 된다. 하지만 노란 밀밭 위로 바람이 불며 그 노란 밀들을 스칠 때면 어린 왕자를 닮은 그 노란 물결의 일렁거림을 보며 문득 어린 왕자의 금발 머리를 미치도록 그리워할 것이다. 의미가 없었던 노란색이 이제 여우에게는 어린 왕자를 추억으로 불러내는 상징이 되는 것이다.

깊이 사랑한 만큼 그를 기억하게 만드는 상징들은 많아진다. 그래서 헤어짐 이후에는 온 데마다 간 데마다 상징들만 주렁주렁 달려서 떠난 이를 추억하게 만든다.

사랑하므로, 아니 길들여짐으로 인해, 낯설던 발자국 소리는 아름다운 음악으로 변하고, 아무런 쓸모가 없어서 머릿속에 입력되지 않았던 사물들, 사건들이 그와 나를 연결하는 고리가 되어 의미를 갖게 해준다. 길들임이란 관계를 맺는 일이며, 그렇게 관계를 맺고 나면 어디에, 누구와 섞여 있어도 그는 나에게 특별히 눈에 띄는 존재가 된다. 어디에 있어도 내 눈에 들어오는 존재, 여러 소리에 섞여 있어도 유일하게 들려오는 그의 목소리, 사람들 속에 무리지어 있어도 유난히 돋보이는 그의 모습, 길들임이란 다른 것에서 분리하여 구별하게 해준다.

"제발…… 나를 길들여주렴!"

여우가 말했어요.

"나도 정말 그러고 싶어. 하지만 난 시간이 별로 없는 걸. 나는 친구들을 찾아야 해. 알아야 할 것도 많고."

네가 친구를 갖고 싶다면

나를 길들이면 돼!

어린 왕자가 대답했어요.

"누구나 자기가 길들인 것밖에는 알 수 없는 거야. 사람들은 이제 무얼 알 만한 시간조차 없어. 그들은 상점에서 이미 만들어져 있는 모든 것을 사면 돼. 하지만 친구를 파는 상점은 하나도 없지. 그래서 사람들은 친구가 없는 거야. 네가 친구를 갖고 싶다면 나를 길들이면 돼!"

그에게 다가가 어떤 의미가 될 수 있다는 것, 다가오는 그를 맞이하여 의미 부여를 한다는 것은 이미 그를 사랑하고 있음이며, 그를 친구로 받아들인 것이다.

자본주의! 돈만 있으면 무엇이든 살 수 있으며, 하고 싶은 일은 무엇이든 할 수가 있는 세상이다. 그 돈으로 무엇이든 살 수는 있지만 진정으로 다른 사람의 마음은 살 수 없다. 설령 돈을 주고 마음을 샀다고 해도 그것은 진정으로 산 것이 아니기 때문이다. 마음은 팔거나 살 수 있는 것이 아니라 주는 것이며 받는 것이다. 따라서 친구란 돈으로 사귀는 것이 아니라 마음을 주고받는 것이다. 사랑도 마찬가지다. 돈으로 사거나 팔 수 있는 것이 아니라 조건 없이 주고받는 것이며 진실한 마음의 나눔이다.

사랑이나 우정은 말에 의해서 이루어지는 것이 아니다. 사랑이나 우정은 지속적인 마음 나눔으로 조금씩 길들여져서 서로가 서로의 마음에 각인되어 남는 것을 말한다. 어느 상점에서 팔지도 않으며 팔 수도 없다. 또한 가치로 환산할 수도 없다. 우리는 세상 어느 상점에서도 우정이나 사랑을 돈 주고 살 수 없다. 그것은 내 마음을 온전히 주어야 살 수 있다. 그러므로 사랑과 우정을 얻는 일에는 세상의 그 어느 값비싼 물건을 얻기 위한 노력보다도 많은 인내와 희생을 필요로 한다.

오직 오랜 인내와 교류로 서로에게 길들여짐으로써 어색함 없이, 서로에게 숨김이 없이 편안한 의미가 되는 일이다. 이 길들여짐은 말로만 되지 않는다. 오히려 말이라는 것은 가급적 적을수록 좋다. 말을 많이 하면 실수도 많이 하게 되어 길들여짐에 방해가 된다. 말하기를 즐기기보다는 말을 들어주어야 한다.

인내심을 가지고 조금씩 길들이고 길들여지기, 진정한 관계일수록 시간의 흐름이 필요하다. 길들여짐은 동물을 길들이는 조건반사 과정과 비슷하다. 개에게 우선 손을 들어 올린 다음 먹을 것을 주는 동작을 반복한다. 그렇게 반복하면 손만 들어 올려도 개는 침을 흘린다. 조건반사에서 무조건 반사로 전이되는 것처럼 사랑도, 우정도 그런 인내심 어린 반복으로 길들여지는 것이다. 돈으로 살 수 없는 아름다운 우정을, 아름다운 사랑을 찾기 위해서는 인내를 가지고 마음이 열리기를 기다려야 한다.

내가 누군가를 사랑한다면 그는 나의 상징으로 남아 있어야 하고, 나는 그에게 상징으로 남아 있어야 한다. 사랑이란 함께 있으면 더욱 좋지만 그렇지 않고 비록 옆에 없어도 매개물을 통해 늘 만나는 존재이며, 늘 마음으로 통하는 존재여야 한다.

사랑은 인내를 가지고 조금씩 가까워지는 것

우리는 많은 사람을 만나고, 만났던 사람과 헤어지고, 또다시 다른 사람을 만나는 그 연속에서 살아간다. 만난 사람과는 이 세상에 존재하는 한 어떤 형태로든 그 만남이 이어질 것 같고, 설령 지금 헤어진다 해도 언젠가 다시 만날 것 같다. 하지만 아주 깊은 만남이라도 한 번의 이별로 이 세상에서는 다시 만나지 못하고 끝나버리는가 하면 전혀 만나리라고는 여기지 못했던, 조금만 어긋났어도 옷깃 한번 스칠 수 없었던 사람과 깊은 인연을 맺기도 한다. 그렇게 소중한 인연을 어떻게 좋은 관계로 발전시켜나가느냐의 문제는 서로의 노력에 달려 있다.

"아주 참을성이 있어야 돼. 우선 넌 나와 좀 떨어져서 그렇게 풀밭에 앉아 있는 거야. 난 곁눈질로 널 볼 거야. 그리고 넌 아무 말도 하지 마. 말은 오해의 씨앗이거든. 하지만 날마다 너는 조금씩 더 가까이 앉으면 돼……."

인간관계는 묘하게도 끌림과 당김의 관계이며, 밀림과 멀어짐의 관계이다. 너무 갑자기 다가가면 상대는 놀라서 흠칫 물러선다. 그렇다고 너무 소극적으로 침묵을 지키다 보면 상대는 지쳐 어디론가 떠난다. 완급조절이 필요한 것이 인간관계이다. 인간관계나 사랑에는 기술도 필요하고 적절한 지혜도 필요하다.

사랑이란, 인간관계란 조금씩 가까워지는 관계이다. 익숙해지는 만큼 조금씩 다가서야만 부담을 느끼지 않는다. 때로 침묵도 필요하다. 침묵이란 말이 오가지는 않지만 무수한 마음의 대화를 나누는 시간들이다. 아무런 대화가 없어도 수많은 마음을 나누는 교감의 시간들, 그 성찰의 시간들이 축적될 때 우리는 보다 나은 관계로 발전한다. 일단 말이나 글은 쏟아놓은 순간부터 돌이킬 수 없다. 오해를 불러일으킨다 해도 변명의 여지가 없다. 하지만 침묵의 언어는 서로가 서로의 마음을 읽는 언어이니 그만큼 읽어내기 어렵다. 그렇게 조금씩 다가감이 아름다운 관계로 안내한다.

이러한 것을 우리는 우연이라고 얘기하지만 우연이라는 말로 정의하기도 어렵다. 이러한 우연과 필연은 등가치하다. 필연, 유명적인 만남이라 여겼던 사람과 어느 날엔가는 우연히 스친 사람으로 남기도 하고, 정말로 우연히 만났다 싶은 사람과는 운명 같은 만남이 되기도 하는 우리의 삶의 모습들을 보면, 우연은 필연이며 유명이고, 운명은 우연인 것과 다를 바 없다.

우연이라 여기든 운명이라 여기든 우리는 그 과정에서 필연적으로 서로에게 익숙해지는 단계를 거친다. 이 익숙해짐, 길들여짐이 우리로 하여금 우연을 필연으로, 그리고 운명으로 만들어준다. 그렇게 시작되어 필연이라 느낄 때 우리는 그것을 사랑이라 부른다.

이 사랑, 또는 우정은 믿음을 전제로 한다. 사랑이나 우정은 서로간의 약속으로 이루어지는 것이며, 그 약속에 서로 길들여지는 것이다. 이렇게 사랑은 일방적인 것이 아니라 상호적이다. 그 우정으로, 그 사랑으로 서로 믿게 되면 서로 약속을 믿을 수 있다. 그가 눈에 보이지 않아도 그가 지금 어디서 무엇을 하는지 무슨 생각을 하는지 느낌으로 알 수 있다. 그렇게 서로에 대한 지대한 관심은 서로를 그리워하고 그 그리움을 깨트리고, 만남의 시간이, 그 약속된 시간이 다가오면 다가올수록 마음은 설렌다. 다른 일은 손에 잡히지도 않는 그런 상태를 우리는 그리움 또는 사랑이라 부른다.

사랑을 시작하면 모든 것이 급해지려 한다. 가슴의 떨림, 맥박, 호흡, 모든 게 빨라지려 한다. 그럴수록 마음을 느긋하게 가지려 노력해야 한다. 조금씩 서로를 알아가고, 조금씩 서로 가까워져야 한다. 그래야 진득하고 진솔한 관계를 유지할 수 있다.

사랑은 서로 약속을 하고 지키는 것

신뢰는 하루아침에 쌓이지 않는다. 오랜 시간을 거치면서 내가 그를 예측 가능하고, 그가 나를 예측 가능할 때 서로가 서로를 신뢰하게 된다. 반복과 반복 속에서 신뢰는 쌓여간다. 나에게는 그를 받아들일 마음의 준비가 필요하고, 그 또한 나를 받아들일 마음의 준비가 필요하다. 거기에 주어지는 시간들이 예측 가능한 여유를 가져다준다. 이렇게 서로가 서로를 확실히 알아가면서 서로를 향한 믿음이 자라난다.

"같은 시간에 오는 게 더 좋아. 가령 오후 네 시에 네가 온다면 나는 세 시부터 행복해지기 시작할 거야. 시간이 갈수록 그만큼 난 더 행복해질 거고. 네 시가 되면 이미 나는 불안해지고 안절부절못하게 될 거야. 난 행복의 대가가 무엇인지 알게 될 거야! 하지만 네가 아무 때나 온다면, 몇 시에 마음의 준비를 해야 할지 난 알 수 없어…… 의례가 필요해."

사랑이란, 우정이란 서로가 서로에 대해 예측 가능할 때 공고해진다. 묵시적이든, 구체적이든 약속을 정하고 그 약속을 지켜나가면서 서로간의 믿음이 생긴다. 서로가 길들여지면 그와 만날 약속 시간이 다가올수록 더욱 마음은 설렌다. 만남이 다가올수록 두려움이나 부담이 생긴다면 아직은 가까워지기에 이른 관계이다. 조금씩 약속을 이어가며, 신뢰를 쌓아가며 길들여야 한다. 우리의 만남에는 이러저러한 통과의례가 필요하다. 만나면 헤어져야 하는 아픔을 겪고, 헤어지고 나면 다시 보고 싶어지는 그리움을 앓는, 그런 아픔과 기쁨을 통해 서로간의 관계가 공고해지는 것이 통과의례이다.

누군가를 기다리는 것, 더구나 관심이 있는 사람을 기다리는 순간은 설렘과 기쁨의 시간들이다. 누군가를 기다릴 수 있다는 것은 그만큼 행복한 일이다. 만나야 할 순간이 다가올수록 설렘이 오고, 가슴이 뛰고, 알 수 없는 마음의 동요가 일어난다. 만나는 순간 어떤 말을 해야 할지, 어떤 모습과 어떤 자세로 상대 앞에 나서야 할지 갈피가 잡히지 않는다. 그러한 모습, 마음의 동요를 설렘이라 부른다. 그 설렘의 순간들, 사랑이 깊으면 깊은 만큼 그 마음의 초조감은 더 진해진다.

약속이 확고하다면 우리에겐 초조와 불안도 사라진다. 약속을 해놓고, 만일 그가 그 자리에 나타나지 않아 연락도 할 수 없는 상황이라면, 우리는 불안하고 초조하다. 그러다 급기야 미워지기도 한다.

하지만 약속을 지키는 사람이라면 언제까지라도 그를 기다릴 수 있다. 그가 꼭 약속을 지킬 것이란 믿음이 있다면 말이다. 이런 확고한 약속이 우리를 좀 더 가까이 다가서게 해준다. 그러므로 약속은 인간관계에서 꼭 필요하다. 진정한 약속은 빈말이 아니라 어떤 상황에서건 상황에 따라 조금의 오차는 있을지라도 결국엔 지켜지는 것이란 확고한 마음을 서로가 가져야 성립된다. 그러한 약속들이 우리를 가깝게 해주고 멀어지지 않게 해준다.

사랑은 둘만의 특별한 의례를 만들어가는 것

사랑하는 사람들은 사랑하는 만큼 많은 것을 기억하려 한다. 그래서 우리는 우리만의 특별한 것을 많이 만들어낸다. 평범한 것은 시간이 지나면 잊히지만 특별한 순간들은 두고두고 기억할 수 있으니까. 사랑이란 결국 서로에 대해 많이 기억하는 일이다. 그래서 사랑하는 사람들은 평범한 일상을 특별한 일상으로 바꾸어놓는다. 둘만이 기념할 만한 일들을 창조해낸다. 그렇게 둘만이 기억할 수 있고, 둘만이 알 수 있는 일들을 의례라 부른다.

"의례가 뭔데?"
어린 왕자가 물었어요.
"그것도 너무 잊혀져 있는 것이지. 그건 어떤 날을 다른 날과 다르게, 어떤 시간을 다른 시간과 다르게 만드는 거야. 이를테면 나를 사냥하는 사냥꾼들에게도 의례가 있지. 그들은 목요일이면 마을 처녀들하고 춤을 춘단다. 그러니까 나에게는 목요일이 아주 신나는 날이야! 나는 포도밭까지 산책을 나가지. 만일 사냥꾼들이 아무 때나 춤을 춘다면 날마다 같은 날들일 거야. 그러면 내겐 휴일이 없게 될 거고."

여우가 말했어요.

사랑하는 젊은이들은 같은 날을 다르게 기억하는 기념일을 만든다. 만난 지 100일이 되는 날을 달력에 표시하고, 1년이 되는 날을 또 표시한다. 그러다가 그날이 오면 그날을 기념한다. 그렇게 함으로써 달력 속에 하나의 숫자에 불과했던 그날이 그들만의 특별한 기념일로 바뀐다. 그런 것이 의례이다.

다른 사람들에겐 전혀 별다른 의미가 없는 날이지만 그들은 그날을 특별한 날로 기억한다. 똑같은 날들이지만 그 한 날을 따로 떼어내어 특별한 날로 지정하는 것, 그것이 의례이다. 생일도 1년 365일 중 한 날을 따로 기념하는 하나의 의례이다. 좋은 기념일을 많이 갖는 만큼 우리의 삶은 풍요롭다.

우리는 늘 같은 날, 같은 시간의 반복 속에 살고 있다. 그럴수록 삶이 진부하고 허망하게 느껴진다. 외로워지고 고독해진다. 하지만 우리가 누군가를 사랑하는 순간부터 그 시간들은 다른 의미로 다가온다. 그 어떤 시간보다 의미 있고 소중한 시간들이 된다. 시간이라고 다 같은 시간이 아니다. 같은 길이의 시간이나 같은 분위기의 시간대라 할지라도 누구와 어떤 관계로 있느냐에 따라 그 시간에 부여되는 의미는 전혀 다르다. 장소도 마찬가지다. 같은 장소라도 누구와 함께 있느냐, 어떤 상태로 있느냐에 따라 그 장소의 의미는 달라진다. 같은 장소라도 그 시간이 언제냐에 따라 전혀 다른 의미로 우리에게 다가온다. 시간과 공간은 늘 연결되어 있으며 또한 우리의 삶과 우리의 존재 모두와도 연결되어 있다.

이 세상에 존재하는 모든 것은 애초부터 의미가 없었다. 우리가 상황에 따라 각기 다른 의미를 만들어 왔다. 내가 누군가에게 어떤 의미가 되고 그가 나에게 어떤 의미가 되는 것은 이제부터이다. 우리는 모두 누군가에게 어떤 의미가 되고 싶어 한다. 설령 아무런 의미가 되지 않는 상태로 남아 있고 싶어 한다 해도 우리는 이미 누군가에게 어떤 의미로 자리 잡아가고 있거나, 자리 잡혀 있고 변해가고 있다. 이러한 모든 것을 우리는 길들여짐의 과정으로 이해한다. 누군가에게 각인될 존재라면, 아름답고 좋은 의미로 각인되고, 그렇게 길들여지도록 사는 삶이 아름답다.

누군가를 사랑한다는 것은 단순한 사실이 아니다. 서로에게 특별한 존재로 남는 일이다. 그것을 위해서는 의례가 필요하다. 서로 간의 특별한 시간이 필요하고, 특별한 날이 필요하다. 많은 것들 중에서 구별되는 그 무엇을 만들어야 한다. 둘만이 함께할 구별된 시간들, 둘만이 공유할 다른 일들과 구별될 일이 있어야 한다. 그런 의례를, 일상의 삶에서 구별하여 서로가 공유하는 무언가가 있어야 한다. 그래야만 우리 삶은 활력이 넘치고 살아볼 만하다는 생각을 가질 수 있다.

사랑은 서로 공유할 수 있는 추억을 만드는 것

우리에겐 기억과 망각이 있다. 보편적으로 기억은 좋은 것, 망각은 나쁜 것 같지만 상황에 따라 망각이 좋을 때도 있고, 기억이 나쁠 수도 있다. 그렇게 우리는 기억하고 싶은 것을 기억하려 애쓰고, 지워버리고 싶은 것은 망각하려 애쓴다.

살아가면서 우리는 많은 사람을 만나서 인연을 만들기도 하고 악연을 만들기도 한다. 하지만 그렇게 아름답고 영원할 것 같은 만남도 어느 순간인가는 필연적으로 헤어져야 하는 때가 있다. 사랑하기 때문에 헤어진다고 말하는 이들이 있는 것처럼!

그래서 어린 왕자는 여우를 길들였어요. 그리고 그가 떠날 시간이 다가왔을 때, 여우가 말했어요.

"아……! 난 울 것 같아."

"그건 네 잘못이야. 난 조금도 괴롭히고 싶지 않았는데 네가 길들여주길 원해서……."

어린 왕자가 말했어요.

"물론, 그랬지."

여우가 말했어요.

"그런데 넌 울려고 하잖아!"

때로는 서로 싫은 감정이 전혀 없으면서도 헤어져야만 하는 순간이 온다. 그 순간은 길들여짐의 농도만큼 마음이 아리다. 그러고 나면 때로는 그 사람들이 두려워서, 인생이 허망해서 누군가와의 만남을 회피하기도 한다. 하지만 삶 자체가 만남의 연속이며, 만남이 없이는 한 순간도 살 수 없는 존재로 태어났으니 이 또한 피할 수 없다. 우리는 애틋하면서도 헤어짐에 눈물어린, 가슴에 남는 만남을 가져야 한다. 고통이란 사랑의 또 다른 이름 중 하나이기 때문이다.

사람들은 각기 누군가와 나름대로 연관을 맺으며 살아가고, 누군가의 의미가 되어 살아간다. 하지만 다른 사람에겐 의미 있는 이들도 나에겐 아무런 의미가 없는 사람들이 대부분이다. 그들은 내게 보편적인 사람들에 지나지 않는다.

누군가에게 의미가 된다는 것은 누군가에게 기쁨이 되기도 하지만 때로는 짐이 되는 관계이기도 하다. 그렇게 길들이고 길들여진다. 그러면 그들은 보편적인 관계에서 특수한 관계로, 일반적인 관계에서 개인적인

그건 네 잘못이야.

난 조금도 괴롭히고 싶지 않았는데

네가 길들여주길 원해서…….

관계로 변한다. 많은 사람들의 묶음에 지나지 않던 사람이 그 묶음에서 구별되어 나와 특수한 관계로 발전한다. 우리는 그것을 우정으로 만들기도 하고 사랑으로 만들기도 하고, 아니면 동료나 회원으로 만나기도 한다. 이러저러하게 알고 지내는 사람들은 어쨌든 나와 특수한 관계에 있다. 그래서 그렇게 선택된 사람들을 머릿속에 기억하고 남다른 관심을 갖는다.

"그럼 넌 하나도 얻은 게 없잖아!"
"얻은 게 있어. 저 밀 색깔이 있으니까."
여우가 말했어요. 그러고는 덧붙였어요.
"장미들을 보러 가렴. 너는 네 꽃이 이 세상에서 단 하나란 걸 알게 될 거야. 그리고 나에게 이별의 인사를 하러 와. 그럼 비밀 하나를 선물로 줄게."

헤어지지만 마음은 두고 떠나는 것도 사랑이라면 사랑이다. 마음을 두고 간다는 것은 어디에 가도 그 장소, 그 사람, 그 순간들을 마음에 간직한다는 의미다. 내 마음은 그가 있는 곳에, 그는 내가 머무는 곳에 머물 때 우리는 서로를 기억하고 있으며, 아직도 사랑한다고 말할 수 있다.

어느 날 그와 비슷한 사람을 만나거나 어느 날인가 비슷한 상황에 처한다면 아마도 그가 문득 생각날 것이다. 그는 내게서 떠난 것이 아니라 내 마음에 남아 있었다. 이렇게 나로 하여금 옛일을 생각나게 하는 그 매개체를 우리는 상징이라 부르고, 그렇게 남아 있는 기억들을 추억이라 부른다.

서로가 공유한 추억, 좋은 추억이 많을수록 좋은 관계를 유지할 수 있다. 아픈 날에도, 오해가 있는 날에도 공유한 좋은 추억들이 많다면, 좋은 기억들이 많다면, 그런 오해쯤은 그런 어려움쯤은 어렵지 않게 넘어갈 수 있다. 그런 추억들이 없다면 서로가 헤어지는 일, 오해로 찢어지는 일은 쉽다. 그러므로 익숙해진 만큼, 길들여진 만큼, 의례를 만들어놓은 만큼, 이렇게 관계를 맺은 만큼 주어진 시간들을 좋은 추억으로 만들어놓아야 한다. 현재 서로가 공유하는 시간들은 내일의 기억들이기 때문이다. 그 기억들, 그 좋은 추억들의 힘으로 우리에게 주어질 날들은 아름다울 것이다.

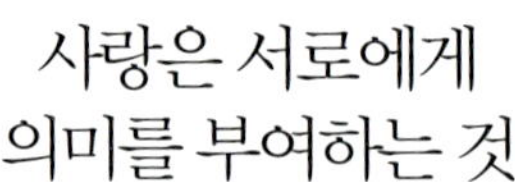

사랑은 서로에게 의미를 부여하는 것

어린 왕자는 여우에게 사랑을 배운다. 아무런 의미도 없던 것에 의미를 부여하는 법을 배운다. 길들여지는 것, 길들이는 것, 그것이 무의미를 유의미로 바꾸는 일이며, 그것이 사랑이다. 자신의 장미와 똑같다고 느꼈던 장미들이 자신의 장미와는 다르게 느껴지는 것, 그것이 사랑이다. 지상에 와서 많은 장미들, 자신이 그토록 사랑했던 꽃과 똑같은 장미들을 만났을 때 어린 왕자는 짐짓 억울하기도 했다. 그가 자신의 장미를 위해 온갖 짜증과 오만을 받아주고, 때때로 보살펴주며 지켜주었던 것은 하나밖에 없는 존재이기 때문이었다. 그런데 지구에 와서 보니 똑같이 생긴 장미가 무척 많다. 한 명의 여자만 보였을 땐 그 하나만이 소중했는데, 많은 여자가 같은 모습으로 보일 땐 마음의 동요가 일어난다. 그 하나를 애지중지하며 거기에 매어 살아야 했던 순간들이 무척 억울하게 생각되는 것이다.

그러나 어린 왕자는 많은 장미를 만나지만 여우를 통해 사랑이란 보이는 것이 아니라 마음으로 느끼는 것임을 배운다.

어린 왕자는 장미들을 다시 보러 갔어요.

"너희들은 내 장미와 조금도 닮은 데가 없어. 너희들은 아직 아무것도 아니야. 아무도 너희들을 길들이지 않았고 너희들도 누구 하나 길들이지 않았어. 내 여우가 너희들과 꼭 같았지. 내 여우는 수많은 여우들과 같은 여우 한 마리에 지나지 않았어. 하지만 난 여우를 친구로 삼았고 그 여우는 이제 이 세상에 단 하나밖에 없는 여우가 됐어."

이 세상에 아무리 많은 여인들이 있어도, 아무리 많은 남자가 있어도 모두가 나의 의미가 아닌 것은 그 많은 사람들이 나에게선 비어 있기 때문이다. 길들여진다는 것은 내 마음 속에 그를 조금씩 채워간다는 의미이며, 길들인다는 것은 나를 상대의 가슴속에 채워가는 것을 의미한다. 그러므로 내가 그의 가슴에 살아 있고, 그가 나의 가슴에 살아 있을 때 우리는 사랑한다고 말한다. 아무리 많은 아름다운 여인들이 있어도 나와 특별한 관계가 없는 한 나에게는 비어 있다.

내가 그를 위해 시간을 쓰고, 마음을 주고, 정성을 들여 나와의 특별한 관계로 만들었을 때 그는 나에게 의미 있는 존재이다. 일반적인 관계에서 특별한 관계로 바뀌었을 때, 그것이 길들여지는 일이며, 마음을 나누는 관계이다. 그러므로 모든 여인이 내게 의미 있는 것이 아니라 그중 한 여인이 소중한 것이다. 어린 왕자는 그렇게 사랑하는 방법을 여우에게 배운다.

사랑은 상대의 비어 있는 것을 채워주고 그를 위해 죽을 수도 있는 마음이다. 몸으로, 마음으로 정성 들여 가꾸어주고 보호해주고, 말동무가 되어주고 마음까지 읽어주는 일, 거기에서 사랑은 싹튼다.

> "너희들은 아름다워. 하지만 너희들은 비어 있어. 아무도 너희들을 위해 죽을 수는 없을 테니까. 물론 나의 꽃인 내 장미도 멋모르는 행인은 너희들과 비슷하다고 생각할 거야. 하지만 내겐 그 꽃 하나만으로도 너희들 전부보다 더 소중해."

이 세상에는 무척 많은 사람들이 살고 있다. 그리 크지 않은 별에 70억이나 되는 사람이 살고 있다. 70억 중에 우리가 만나는 사람은 극소수에 불과하다.

아무리 사람이 많아도 나에게 비어 있는 사람들은 기억에 남지 않는다. 그렇게 우리 기억에 남아 있는 존재들에게 나는 길들여져 있다. 길들여진 존재는 어디에 섞여 있어도 쉽게 눈에 띄고, 발자국 소리나 음성만 들어도 구분이 간다. 길들여진다는 것은 모두가 같은 크기, 같은 색깔의 낡은 검정고무신이어서 남들이 보기엔 똑같이 보일지라도 내가 보기엔 알 수 있고, 어둠 속에서 발만 대보아도 편안함을 느끼는 것과 같다. 그렇게 길들여진 모든 것은 사람이든 사물이든 그 길들여진 시간만큼 잊기 꽃들은 아주 모순덩어리예요!

하지만 난 너무 어려서 꽃을 사랑할 줄 몰랐던 거예요.

가 어려워진다. 그래서 우리는 길들일 대상을 잘 찾아내는 지혜가 필요하다.

어린 왕자는 오직 자기 별에 두고 온 장미만을 소중히 여겼고, 그 장미만이 아름답다고 생각했다. 그래서 자신의 모든 시간을 장미에게 바쳤고, 장미를 위해 소비했다. 그런데 그가 찾아온 이 땅에는 장미와 닮은 꽃들이 무려 5000송이나 있었으니 그 장미를 위해 소비한 시간들이 얼마나 아까웠으랴. 더구나 그 꽃은 어린 왕자에게 고분고분하지도 않았고, 오히려 네 개의 가시로 위협하고 짜증이나 부리는 존재였으니.

하지만 어린 왕자는 사막의 현자 여우를 통해 사랑하는 법을 배운다. 똑같이 보이는 그 꽃들 중에서 자기 꽃을 구별하여 볼 수 있는 마음의 눈을 뜨는 법을 배운다. 그것이 어린 왕자가 여행을 떠나온 이유이며, 그것이 그의 여행을 아름답게 마무리할 수 있는 명분이다. 아무리 많은 꽃이 있어도, 나의 꽃이 아니면 내 눈에 들어오지 않는다. 나의 꽃이 그 꽃들 중에서 달라 보이는 것은 그 꽃과 내 마음의 교감 때문이다.

사랑은 둘이 손잡고 지난한 과정을 통과하는 것

우리가 어떤 물건에 대해 생각하는 가치는 상황에 따라 변한다. 아주 소중하게 느꼈던 그 무엇이 어느 순간에는 전혀 쓸모없기도 하고, 어느 순간에는 쓸모없던 것이 절절하게 필요할 때도 있다. 소유한다는 것은 양면성이 있다. 소유하므로 버겁거나 괴로운 것이 있는가 하면, 소유하므로 기쁘고 신나는 것도 있다.

가격은 비싸지 않지만 늘 사용하던 물건을 어쩌다가 잃어버리면 너무나 아까운 생각이 든다. 소중하다고 느껴지는 것은 그 물건의 가격 때문이 아니라, 우리의 손때와 정이 묻어 있기 때문이다. 이 세상에 있는 모든 사물은 절대적인 가치를 갖고 있는 것이 아니라 우리 마음이 가치를 정하는 것이다. 우리의 손때 묻은 정겨운 물건이 우리에게는 더 소중하다.

내가 물을 준 것은 그 꽃이기 때문이야. 내가 유리덮개를 씌워준 건 그 꽃이기 때문이야. 내가 벌레를 잡아준 건 그 꽃이기 때문이야(나비가 되라고 두세 마리는 남겨 놓았지만). 내가 불평을 들어주고, 허풍을 들어주고, 때로는 심지어 침묵까지 들어준 꽃이기 때문이야. 나의 장미이기 때문이야.

사람들은 모두가 비슷해 보인다. 하지만 우리가 그중에서 누군가를 선택하고 그를 위해 나의 시간을 투자하고, 생각해주고 정성을 들이면 그는 나에게 특별한 존재, 이 세상 모두와도 바꿀 수 없는 존재가 된다.

이 세상 모든 사람은 동일한 규격과 동일한 품질을 지닌 공산품과도 같다. 그중에서 내 것이라고 선택한 것, 그 사람에게만 그 이상의 가치를 부여한다. 내게 소중한 사람이 다른 사람에게는 별것 아닌 사람일 수도 있고, 그 반대일 수도 있다.

나에게 특별한 물건이 된다는 것은 우선 내가 선택한 물건이며, 내 손때가 묻은 물건이다. 반들반들해진 물건일수록, 내 손때가 많이 묻은 물건일수록 나에게 정겨운, 그러면서도 특별한 물건이다. 이렇게 특별한 것으로 인식되려면 일정한 과정이 있어야 한다. 마찬가지로 사람이 사람을 만나서 특별해지기 위한 통과의례를 거쳐야 특별한 관계를 맺을 수 있다.

"네 장미를 그토록 소중하게 만든 건 네가 너의 장미를 위해 소비한 시간이야."

진정한 만남을 통해 특별한 존재가 되려면 정신적 영역과 육체적 영역에서 조화를 이루어야 한다. 이를 위해서는 물질적인 희생도 필요하고, 정신적인 배려도 필요하다. 이러한 통과의례를 거쳐야만 특별한 관계로 발전하고, 특별한 관계는 결국 투자하는 만큼의 의미부여를 함으로써 완성된다.

이 사랑을 위해 육체적인 수고로 물을 줌으로써 목을 축여 시원하게 해주는 청량감, 덮개를 씌워줌으로써 느끼는 안온함, 외부에서 침입한 해로운 존재를 막아주는 벌레 잡아주기, 흔들리지 않도록 하는 보호와 배려 덕분에 그는 나와 한 우리에 들어간다. 그렇게 나로 인한 달콤한 구속이 유지되려면 그가 외롭지 않도록 그의 불평을 들어주기도 하고, 그의 자랑거리도 들어주며, 심지어는 그가 침묵 속에 감추고 있는 많은 이유까지도 내가 알아들어서 그를 위로해주어야 한다. 침묵 속에 오히려 더 많은 말을 감추고 있기 때문이다.

☆

사랑은 서로가 상대의 보이지 않는 것을 바라보려 노력하는 것

중요한 것은 눈에 보이지 않는다고 여우는 말한다. 우리가 보는 것은 어쩌면 껍데기에 불과할지도 모른다. 실제로 중요한 건 껍데기가 아니라 알맹이이다. 껍데기는 보기에는 알맹이보다 아름다운 모습을 하고 있지만 껍데기의 역할은 단지 알맹이를 감싸고 보호할 뿐이다.

씨앗은 썩으면 껍데기가 쓸모없다. 싹은 알맹이에서 나온다. 하지만 우리는 껍데기를 깨트리기 전에는 그 속에 있는 알맹이를 볼 수 없다. 단지 껍데기의 모양을 보고 알맹이는 이렇게 생겼을 거라고 짐작할 뿐이다. 실제로 나중에 보면 우리 생각과 일치하지 않는 경우가 더 많다. 그런데도 우리는 껍데기를 보고 좋고 나쁨을 판단하려고 한다.

무엇보다 중요한 건 알맹이이다. 그 싹을, 그 열매를 결정하는 것은 껍데기가 아니라 알맹이이기 때문이다. 사람도 마찬가지로, 그의 행동이 정의롭거나 불의한 건 그 사람의 생긴 모습이 아니라 그 사람의 마음의 모습이다. 우리는 껍데기만 보고 거기에 정성을 다하는 경우가 많다. 그러다 보면 처음 판단이 옳았든 틀렸든 상관없이 거기에 투자한 시간이 아까워서, 정성이 아까워서 애착을 갖는다.

"잘 있어."

그가 말했어요.

"잘 가, 내 비밀은 이거야. 아주 간단해. 마음으로 보지 않으면 잘 볼 수 없다는 거야. 중요한 것은 눈에 보이지 않아."

어린 왕자는 그 말을 기억해두려고 따라 말했어요.

"내 장미를 그토록 소중하게 만든 건 네가 너의 장미를 위해 소비한 시간이야."

"내 장미를 위해 소비한 시간이야."

어린 왕자는 따라 말했어요.

우리가 누군가를 좋아하면, 그 누군가는 나에게 무척이나 소중한 존재로 다가온다. 이 세상 모두와도 바꿀 수 없는 사람이 되어, 내 삶 전체가 그를 위해 존재하는 것 같다.

우리는 누군가를 선택하고 만나고, 우리 스스로 누군가에게 가치를 부여하면서 산다. 우리에게 길들여진 사람은 참으로 소중하고 가치 있는 사람이다.

"마음으로 보지 않으면 잘 볼 수 없다는 거야. 중요한 것은 눈에 보이지 않아."

대기 중 공기는 눈에 보이지 않지만 우리 삶에 꼭 필요하다. 소리도 눈에 보이지 않지만 우리가 의사소통하는 데 꼭 필요하다. 실체는 보이지 않지만 중요한 것들이 있다. 그토록 소중한 것들을 우리는 대가를 지불하지 않고 쉽게 섭취할 수 있다. 실제로는 그것들이 우리 삶의 필수요소들인 공기, 물, 흙 같은 것이다. 그런데도 사람들은 그것의 소중함을 모른다.

우리가 눈으로 보는 것은 실상 그 물질의 본질이 아닐 수도 있다. 어떤 현상 너머에 있는 진실, 그 진실을 사람들은 가끔 잊고 산다. "천국이란 어린 아이들과 같이 되지 않으면 볼 수 없다."는 예수의 말처럼 우리는 우리가 경험으로만 축적한 그 토대 위에서 현상을 보려고만 한다. 하지만 여우 말처럼 현상 너머에 있는 진실을 보는 것은 육안으로 보는 것이 아니라 심안으로 보는 것이다. 실제로 나의 이 거대한 몸을 움직이는 것은 내 안에 있는 정신이며, 영혼이며, 마음이다. 그럼에도 사람들은 겉모습만 보려고 하고 감춰진 진실은 볼 생각조차 하지 않는다.

"완전이란 아무것도 덧붙일 것이 없을 때가 아니라 아무것도 떼어낼 것이 없을 때 이루어진다. 그러므로 발전의 한계에 다다르면 기계는 스스로 몸을 숨긴다."고 생텍쥐페리는 《인간의 대지》에서 썼다. 비행기를 날아가게 하는 가장 중요한 부분은 기관이다. 그런데 비행기가 발달한 모습을 보일수록 사람들은 기관에 대해 관심조차 갖지 않고, 비행기의 멋진 동체에만 시선을 보낸다. 동체를 떼어내고도 비행기는 날아갈 수 있는데 말이다. 이처럼 사람이 사람을 만나는 일에도 정작 중요한 사람의 속내를 보려고 하지 않고, 그 사람의 겉모습이나 배경만 보려 한다. 온전한 관계를 맺고 유지하려면 정말 중요한 것, 꼭 보아야 할 것을 보려 노력해야 한다. 그것이 중요하다.

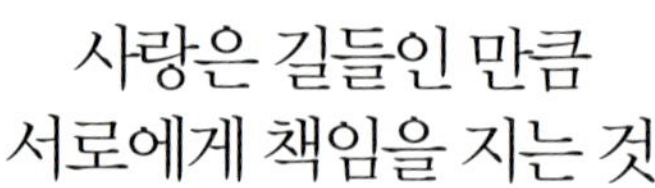

사랑은 길들인 만큼 서로에게 책임을 지는 것

어린 왕자는 자신의 별에 두고 온 장미가 왜 다른 장미와 다른지, 그리고 왜 소중한지를 배웠다. 여기에 현자 여우는 한 마디 더 얹어준다. 길들인 것에 대한 책임이다. 사랑에 대한 책임, 그 사랑의 과정 또는 결과에 대한 책임을 도외시하므로 이 세상은 혼란스러워진다. 우리는 누군가를 길들이기도 하고, 누군가에게 길들여지기도 한다. 거기에 따르는 가장 중요한 덕은 그 길들여진 것에 대한 책임감이다. 그런 덕은 우리 사회를 아름답고 튼실하게 지탱해주는 보이지 않는 알맹이이다.

"사람들은 이 진실을 잊어버렸어. 하지만 넌 그걸 잊으면 안 돼. 네가 길들인 것에 넌 언제나 책임이 있어. 넌 네 장미한테 책임이 있어……."

여우가 말했어요.

"나는 내 장미한테 책임이 있어……."

어린 왕자는 기억해두려고 따라 말했어요.

어차피 자신의 판단에 대한 결과는 자신이 책임져야 한다. 이제 어린 왕자가 자신의 장미에게 돌아가는 길은 먼저 마음을 열고 용서하는 일이다. 떨어져서 본 그 장미는 특별한 존재라는 걸 그는 이제 배우게 될 것이다, 여우에게!

작가는 어린 왕자의 이야기를 통해 자신의 이야기를 하고 있다. 어린 왕자는 작가 자신이며, 장미는 조국에 두고 온 아내와 같다. 막상 떨어져 살다 보니 진정으로 아내가 자신에게는 다른 여자들과 구별된 특별한 존재임을 깨달았다. 하지만 그가 아내에게 돌아가려면 명분이 있어야 한다. 그가 장미, 즉 아내에게 돌아가려면 장미가 가진 네 개의 가시를 피해야만 한다. 아니면 그 가시마저도 용납하고 감싸줄 수 있어야 한다. 그것이 진정한 사랑이다. 어린 왕자가 장미에게 돌아갈 명분은 장미를 사랑하는 일이며, 작가가 아내에게 돌아가는 길도 아내의 까다로운 성격 따위는 용납하고 받아들일 수 있는 아량이다. 어린 왕자도 작가 자신도 상대를 길들인 것에 대한 책임이 있기 때문이다.

생텍쥐페리의 친구 비행사 기요메는 코기산맥에서 조난당했을 때 처음엔 살기 위해 걸었고 나중에 죽기 위해 걸었다고 한다. 이제는 죽음을 기다릴 수밖에 없는 상황, 그는 자기가 소유했던 물건들을 하나씩 버리면서 살기 위해 걷는다. 하지만 살아날 가능성이 제로란 생각에 이르자 그 순간 그는 길들인 가족에 대한 책임을 느낀다. 그는 죽기 위해 걷기 시작한다. 조금의 가능성으로 보면 반대쪽으로 가야 하지만 그는 오직 바위를 향해 걷는다. 계곡에서 죽으면 그의 사체는 발견되지 않을 것이고, 그러면 그가 사망으로 인정받아 보험을 타기까지 4년을 기다려야 한다. 그래서 그는 시신이 빨리 발견될 수 있는 장소를 향해 걸었다. 가족을 위해 죽기 위해 걷는 일, 다른 동물들이 할 수 없는 위대한 일이란 이런 것이다. 길들여진 것에 대한 책임을 갖는 것.

사랑한다는 것은 길들인 것에 대해 책임져야 하는 것이니, 그 수고가 헛되지 않으려면 책임을 져야 한다. 사랑으로 맺어지는 가정에도 그 무한의 책임을 져야 한다. 그래서 살아가면 살아가는 만큼, 사랑한 대상에 대한 권리보다는 책임이라는 짐이 무겁게 다가온다. 책임을 지지 않는 것은 진정한 사랑이 아니다. 그만큼 나의 수고와 시간에 의해 익숙해진 그는 이제 다른 그 무엇에도 갈 수 없는 존재가 되고 말았으니, 그에 대한 책임을 내가 져야 한다.

사랑은 서로의 선택에 대하여 후회하지 않는 것

생텍쥐페리는 《인간의 대지》에서 "사랑이란 서로 마주보는 것이 아니라 둘이서 같은 방향에서 바라보는 것이다."라고 말한다. 사람과 사람 사이에는 심리적인 거리가 있다. 그래서 좋아하는 감정이 생기면 가까이 있을수록 좋지만 미운 감정이 생기면 거리가 가까울수록 불편하고 짜증이 난다. 사랑이란 서로가 멀리에서 더 가까워지기를 원하는 사이다.

사랑을 하게 되면 비록 몸은 멀리 있어도 그 거리는 늘 가까이 있다. 사랑한다는 것은, 그 누군가를 생각한다는 것은 이미 그가 내 안에 있는 것이기 때문이다. 반면 내 기억 속에 있다 하더라도, 내 생각 속에 있다 하더라도 나쁜 기억으로 남아 있다면 그는 나의 밖으로 내보내려는 대상이다. 그러므로 심리적이든 물리적이든 같은 공간에 있다고 해서 모두 사랑이 아니라 좋은 감정이 있고, 좀 더 가까워지려는 것이 사랑이다. 나쁜 감정으로 가까이 있는 것은 미움이다. 사랑과 미움은 같은 공간을 차지하고 있다. 사랑이란 물리적 거리보다 심리적 거리가 중요하다. 이 심리적인 거리는 길들여짐과 익숙해짐에 의해서 가까워진다. 길들여지려면 가까워지고, 낯설어지면 멀어지는 것, 그것이 사랑의 원리다.

그곳은 장미가 피어 있는 정원이었어요.
"안녕."
장미꽃들이 말했어요.
어린 왕자는 꽃들을 바라보았어요. 꽃들은 모두 어린 왕자의 꽃과 닮아 있었어요.
"너희들은 누구니?"
어린 왕자는 어리둥절해서 물어보았어요.
"우리는 장미꽃이란다."
장미꽃들이 대답했어요.
"아!"
어린 왕자는 말을 잇지 못했어요.

어린 왕자는 자신의 별에 있는 단 하나의 장미를 무척이나 사랑한다. 그가 그 장미를 사랑하는 건 그 장미에 정성들인 시간 때문이기도 하다. 어린 왕자는 하나밖에 없는 꽃이므로 그 꽃에 집착한다. 바람이 못미더워서 유리덮개를 씌워주며 그 꽃을 구속한다. 그러면 그럴수록 그 꽃은 오만과 질투, 허영, 위선이란 네 개의 가시를 내밀며 그를 거부한다. 그런데 지구에 와서 보니까 자신이 그토록 힘들여 사랑했던 장미와 같은 존재들이 너무도 많다. 처음에 그는 장미와 닮아 있는 것이 신기하고 반가웠다. 하지만 그는 이내 자신의 장미에게 속았다는 기분이 든다.

어린 왕자는 자기가 불행하다는 느낌이 들었어요. 그의 꽃은 어린 왕자에게 자기가 이 세상에서 같은 종류로는 단 한 송이의 꽃이라고 말했었거든요. 그런데 단 하나의 정원에 닮은 꽃이 오천 송이나 있다니!
'그 꽃이 이걸 보면 몹시 화가 나겠지…… 창피한 꼴을 겪지 않으려면 큰 소리로 기침을 하고 죽는 시늉을 하겠지. 그럼, 나는 할 수 없이 돌봐 주는 척해야겠지. 안 그랬단 나까지 창피스럽게 만들려고 정말 죽을지도 모르니까…….'

어린 왕자는 장미의 말을 그대로 믿었다. 자신이 유일한 존재라는 말에 그랬다. 그런데 그것은 거짓이었다. 5000송이나 더 있었으니까. 하지만 한번 맺은 관계를 무너뜨리기 위해서는 그럴듯한 명분을 찾아야 한다. 명분을 찾기 전에는 전과 같이 대하는 척이라도 해야 한다. 사랑하는 사람들이라면 이런 과정을 심심찮게 겪는다.

'세상에서 하나밖에 없는 꽃을 가졌으니까 난 부자라고 생각했지. 평범한 장미꽃인 줄은 모르고, 그것하고 무릎밖에 안 차는 화산 세 개, 게다가 그중 하나는 영원히 죽어 있을지도 모르잖아. 그걸 가지고 어떻게 훌륭한 왕자가 되겠어…….' 그는 풀밭에 엎드려 울었어요."

어린 왕자가 자기 별에 있는 꽃을 사랑했던 건 사랑할 대상이 하나밖에 없었기 때문이다. 그런데 지구에 와서 오천 송이나 되는 꽃을 만난다. 그러자 그는 낭비한 시간이 무척이나 억울하다.

늘 가까이 있으면 그 존재에 대한 정확한 정보 또는 진가를 알지 못한다. 때로는 사랑하는 사이도 거리를 두고 서로를 냉정히 평가해볼 필요가 있다. 그래야만 상대를 정확히 바라볼 수 있으며 자신의 감정도 적당히 정리할 수 있다. 진정 오래도록 변함없을 아름다운 사랑을 위해서는 조금은 떨어져 있어 볼 필요가 있다. "산의 푸르름을 바라보려면 산으로 오르는 오솔길에서 벗어나 산마루를 올려다보아야 하고, 온전한 사랑을 유지하려면 사랑에도 휴가가 필요하다."는 생텍쥐페리의 말처럼 그 공간적인 거리, 심리적인 거리를 조금은 멀리서 보아야만 비로소 상대를 제대로 볼 수 있다.

그 장미를 선택한 것은 어린 왕자이다. 그러니 그 누구를 탓할 수도 없다. 자신의 소견이 좁았음을 탓하는 수밖에 없다. 그는 지금 왕자의 신분이지만 장차 왕이 되어 자신의 나라를 다스려야 한다. 그래서 그는 보다 넓은 세상을 보며 견문을 넓힐 필요성을 느꼈다. 어린 왕자는 자신을 탓하며 울고 만다. 견문을 넓혀야만 진정한 왕이 될 수 있으며, 눈물 젖은 빵을 먹기도 해야 진정한 왕으로 거듭날 수 있다는 것을 깨달았다.

숲이란 멀리 떨어져서 보아야 전체를 볼 수가 있다. 물론 그 숲의 구성

요소들을 알기 위해서는 숲 속으로 들어가 보아야만 한다. 이렇듯 멂과 가까워짐의 적당한 훈련을 해야 사랑을 아름답게 완성할 수 있다. 일정한 영역이 정해져 있는 것이 아닌 인간들의 움직임, 어느 한 곳에 뿌리박고 사는 식물이 아닌 인간, 그래서 인간은 항상 움직인다. 이에 따라 마음도 움직이고 사랑도 움직인다. 이에 따라 마음도 변하고 사랑도 변한다. 이 변화무쌍한 사랑을 움직이지 않도록, 변하지 않도록 하기 위해서는 서로의 가슴에 깊은 뿌리를 내려야 한다. 그것은 서로가 조금씩 가까워지기, 길들여지기, 공동의 추억을 쌓아두기, 어디에 있어도 상대가 생각나게끔 만드는 상징 만들기라는 통과이례를 거쳐야 한다. 어디에 있든 어디로 가든 길들인 것에 책임을 느낄 때 변함없이 아름다운 사랑이 이루어진다.

나는 아주 빨리 그 꽃을 더 잘 아는 방법을 알게 되었어요. 어린 왕자의 별에는 언제나 아주 소박한 꽃들, 요컨대 꽃잎이라곤 하나밖에 안 달린 꽃들이 있었던 거예요. 이 꽃들은 그다지 많은 자리를 차지하지도 않고, 어느 누구에게도 방해가 되지 않았어요. 어느 날 아침 풀밭에 나타났다가 저녁이 되면 조용히 져버리곤 했죠. 그런데 어느 날 어디서 날아왔는지 알 수 없는 씨앗 하나가 싹이 텄어요. 어린 왕자는 다른 싹과 닮지 않은 이 어린 나무를 아주 가까이에서 보살폈죠. 어쩌면 새로운 종류의 바오밥나무였는지도 몰라요. 그러나 이 어린 나무는 이내 성장을 멈추고 꽃을 준비하기 시작했지요. 어린 왕자는 커다랗게 뻗어 가는 꽃망울을 지켜보며 곧 어떤 기적이 나타나리라고 생각했어요. 그러나 꽃은 그 초록의 방에 숨어 계속 아름다움을 가꾸고 있었어요. 정성 들여 자신의 색깔을 골랐던 거예요. 꽃은 천천히 옷을 입고 꽃잎을 하나하나 가다듬었지요. 그 꽃은 개양귀비 꽃처럼 구겨진 옷차림으로 외출하고 싶지 않았던 거죠. 아름다움으로 인해 빛이 흘러넘칠 때에 나타나고 싶어 했던 거예요. 아, 그래요! 아주 멋들어진 꽃이었어요! 그 꽃의 신비로운 화장은 그래서 꽤 여러 날이 걸렸어요. 그러고 나서 드디어 어느 날 아침 바로 해가 뜰 무렵 그 꽃은 제 모습을 드러냈어요.

PART 2

어린 왕자에게 배우는 가시장미를 사랑하는 기술

그 꽃은 아주 꼼꼼하게 화장을 했음에도 불구하고 하품을 하며 이렇게 말했어요.

"아! 전 이제 겨우 잠에서 깼어요…… 미안해요…… 아직 머리도 온통 헝클어져 있고……."

어린 왕자는 감탄을 억제할 수가 없었어요.

"당신은 정말 아름답군요."

꽃이 부드럽게 대답했어요.

"아, 뭘요? 그리고 전 해님과 함께 태어났어요……."

어린 왕자는 그 꽃이 그다지 겸손하지 못하다는 걸 알아차렸어요. 그러나 그 꽃은 마음을 설레게 하는 꽃이었어요!

꽃은 이내 말을 이었어요.

"내 생각엔 아침식사 시간이 된 것 같아요. 제발 내 생각 좀 해주셨으면 좋겠는데……."

어린 왕자는 어쩔 줄 몰라 하며 시원한 물이 담긴 물뿌리개를 찾아다가 꽃의 시중을 들었어요.

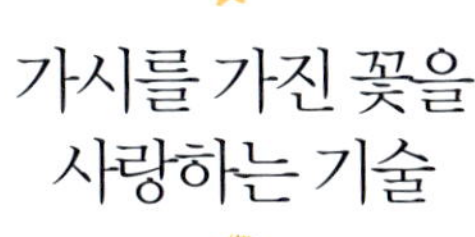

가시를 가진 꽃을 사랑하는 기술

가시가 돋아 있지만 하나밖에 없는 꽃에게 어린 왕자는 정을 담뿍 담아준다. 어디서 왔는지 모르지만 씨앗의 상태로 날아와 어느 날 새싹을 내고 자라난 장미, 처음에는 바오밥나무일지도 몰라 염려하게 만들었지만 예쁜 꽃이 된 장미, 그 꽃이 어린 왕자에게 다가와 연인이 되었다.

여기 등장한 장미꽃은 여인을 상징한다. 어린 왕자의 별에 있는 장미는 작가가 사랑한, 작가와 관계를 맺었던 여인을 상징적으로 보여준다. 반면 양은 그 꽃을 먹으려는 남성을 상징한다. 가시가 없는 꽃이 순종형 여성이라면 가시가 있는 꽃은 도도한 여성이라고 할 수 있다.

식물은 자기를 보호하기 위해 독을 가지거나 가시를 갖는다. 그렇게 하여 자신을 해치려는 존재들의 접근을 막는다. 때문에 독을 가지고 있는 식물들은 보기에 거칠 것이 없이 아름답게만 보인다. 반면 독이 없는 식물들은 대부분 가시를 가지고 있다. 예를 들어, 아카시아는 어릴 적에 많은 가시를 갖는다. 그러다 어느 정도 자라 자기 보호가 가능해지면 가시를 적게 갖는다. 이렇게 가시를 가진 나무들은 식용이나 약재로 쓰인다. 겉보기에 험악한 가시를 가지고 있는 것은 자신의 내적인 부드러움을 감추려는 방법이다. 오가피나무와 엄나무처럼 가시 돋친 식물들이 약용으로 많이 쓰이는 것도 그 이유다.

> "가시는 어디에 쓰는 거냐고요?"
>
> 어린 왕자는 한번 질문을 던지면 결코 포기하는 법이 없어요. 나는 나사 때문에 화가 나 있었기 때문에 이런 식으로 아무렇게나 대답했어요.
>
> "가시, 그건 아무 데도 쓸모없는 거야. 그건 꽃들이 공연한 심술을 부리는 거라고!"
>
> "아!"
>
> 어린 왕자는 잠자코 있더니 화가 난 듯이 나에게 이렇게 쏘아붙였어요.
>
> "아저씨 말을 믿을 수 없어요! 꽃들은 약해요. 꽃들은 순진해요. 꽃들은 할 수 있는 데까지 자신들을 지키려는 거란 말예요. 꽃들은 자기 가시가 무서운 줄 알고 있는 거예요……."

꽃은 가시를 갖고 꿀벌들은 침을 가짐으로써 자신을 보호한다. 뭔가를 만들 능력이 없는 식물들은 색깔을 변하게 하여 자기를 보호한다. 어떤 식물은 아주 험한 곳에서 자라고, 어떤 식물은 풀섶에 숨어 자란다. 아름다운 꽃일수록 자기 보호도구가 있다. 엉겅퀴는 가시가 있을 뿐 아니라

만지면 끈적거리기까지 한다. 엉겅퀴꽃은 멀리서 볼수록 더 아름답다. 그 꽃에는 벌과 나비들이 더 즐겨 찾는다. 꽃 중의 꽃 장미도 날카로운 가시가 있다. 그 가시는 나비나 벌의 접근을 막기 위해서가 아니라 시기하고 질투하는 곱지 않은 우리 인간의 접근을 막기 위한 것이다.

식물이 가지고 있는 가시처럼 사람도 자기보호 본능이 있다. 아무에게나 마음을 열지 않는다. 일단 낯선 사람이 가까이 다가오는 것을 본능적으로 경계한다. 그러다 차츰 상대에 대해 알아가면서 자신에게 해를 끼치지 않을 것이란 생각이 들 때 서서히 마음을 열기 시작한다. 그렇게 얼마간 마음을 열어주면서 관계 속으로 들어간다. 열어주는 마음의 넓이만큼 그 관계는 깊이진다.

관계가 익숙해지면 스스로 내밀고 있던 마음의 가시도 서서히 무뎌지게 하고 슬그머니 안으로 숨긴다. 그러다 결국 믿음이 가면 숨기고 있던 가시마저 없애버린다. 그러므로 관계란 서둘러선 안 된다. 준비가 안 된 상태에서 과도한 접근은 상대의 경계심을 높이고, 결국 거부하게 만든다. 조금씩 내 마음을 열면서 상대가 마음을 열기를 기다려야 한다. 내가 거리를 유지하고 마음을 열지 않는 한 상대도 마음을 열려고 하지 않는다. 나를 열어 나를 잘 알게 하는 만큼 상대는 보여주었던 경계의 가시를 다시 거두어들이는 것이다.

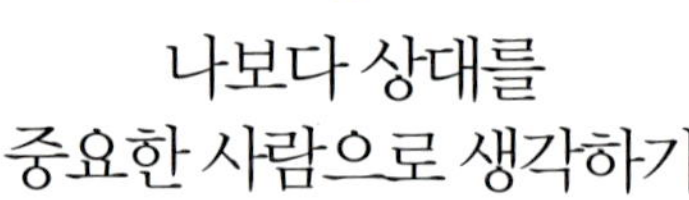

나보다 상대를 중요한 사람으로 생각하기

사랑하는 것은 무척 힘든 일이다. 서로 다른 두 사람이 만나서 하나로 살아간다는 건 성분이 다른 화학적 요소가 융화되는 것보다도 힘든 일이다. 사람은 시시때때로 감정의 변화가 있기 때문이다. 또한 내가 상대에게 맞추려하기보다는 상대가 나에게 맞추기를 바라기 때문이다. 사랑이란 그럼에도 불구하고 하나가 되어야만 한다. 이를 위해서는 서로가 서로를 조금씩 깎아내어 맞춰야 한다. 또한 서로에 대해 알아야만 서로를 융화시킬 수 있다.

누구나 자신에 대해서는 관대하고, 자신에 대한 평가는 넉넉하게 한다. 자신이 하는 일은 정당하다고 합리화한다. 물론 긍정적으로 삶을 살아간다는 것은 바람직하다. 그런데 자꾸 자기중심적으로 생각하면 남이 하는 일은 하찮아 보인다. 내가 중요하고 소중한 만큼 다른 이들도 소중한 존재라고 생각해야 한다. 내가 하는 일이 중요하게 여겨지는 만큼 다른 사람들이 하는 일도 중요한 일이라고 생각해야 한다.

"나는 얼굴이 빨간 신사가 살고 있는 별을 알아요. 그 신사는 꽃향기를 한 번도 맡아본 적이 없어요. 별 하나 바라본 적도 없고 말예요. 그는 어느 누구 하나 사랑해 본 적도 없어요. 오직 계산 외에는 다른 아무것도 해본 적이 없어요. 하루 종일 아저씨처럼 이런 말만 되풀이하는 거예요. '나는 중요한 사람이야! 나는 중요한 사람이야!' 하고 오만을 떨면서요. 하지만 그건 사람이 아니에요. 버섯이에요!"

"뭐라고?"

"버섯이라고요!"

어린 왕자는 이제 화가 나서 얼굴이 창백해졌어요.

너무 자기 일에만 몰두하지 말고 때로는 시야를 넓게 가져야 한다. 꽃을 눈으로만 보면 그 꽃의 진정한 가치를 다 모른다. 그 꽃에서 발산되는 향기도 맡아보고 그 꽃이 열매를 맺거나 맺게 될 그 꽃의 미래도 생각해 보아야 한다. 꽃은 아름다운 모습만 갖고 있는 것이 아니라 향기도 가지고 있으며, 미래의 맛과 씨앗도 가지고 있다.

진정으로 무엇에 대해 알려면 그것에 대한 과거와 현재, 미래를 동시에 볼 수 있어야 하는 것처럼, 그 꽃의 진정한 가치와 아름다움을 알려면, 그 사람의 신가를 알려면 그 사람의 겉모습뿐만 아니라 그 사람의 마음, 그 사람의 배경도 보아야 한다. 이 세상에 존재하는 모든 것이 소중하다는 것을 깨닫는 사람은 지혜로운 사람이다.

가치는 객관적으로 정해지는 것이 아니라 감정적으로 정해진다. 아무리 많은 이들이 높은 가치를 부여하는 사람이라도, 내가 그에게 들인 정성, 즉 내가 정을 주지 않으면 나에게 그 사람의 가치는 없다. 일반적인 사람들 중에 내가 선택한 사람, 그래서 사랑하게 된 사람은 그 어느 누구보다도 나에게 높은 가치를 갖는다. 사랑은 등가치한 많은 이들 중에서 특별하게 여겨지는 누군가를 선택함으로써 그에게 특별한 자신만의 가치, 의미를 부여하는 마음이자 행동이다. 선택한 것에 자신의 모든 가치를 부여하면 그 대상은 아주 소중한 가치를 갖게 되고 중요한 그 무엇이 된다. 사람들은 각기 중요하다고 생각하는 게 다르다. 그러므로 다른 사람에 대한 편견을 버려야 올바른 관계를 맺을 수 있다.

수백만 년 전부터 꽃들은 가시를 만들어왔어요. 수백만 년 전부터 양도 그 꽃들을 먹어 왔고 말예요. 그런데도 왜 꽃들이 아무 소용이 없는 가시를 만들려고 그토록 많은 고통을 겪는지 이해하는 것이 중요한 일이 아니란 말이에요? 양과 꽃들의 전쟁은 중요한 것이 아니란 말이죠? 그 뚱뚱하고 얼굴이 빨간 신사의 계산보다 더 중요하지 않단 말이죠? 그리고 내 별 외에는 어디에도 없는, 이 세상에 단 한 송이밖에 없는 꽃을 내가 알고 있다면, 그리고 어느 날 아침 조그만 양이 멋도 모르고 단숨에 그 꽃을 먹어버릴 수도 있다는 게 중요한 일이 아니란 말이죠!

내 별 외에는 어디에도 없는,

이 세상에 단 한 송이밖에 없는 꽃을 내가 알고 있다면,

그리고 어느 날 아침 조그만 양이 멋도 모르고 단숨에 그 꽃을 먹어버릴 수도 있다는 게

중요한 일이 아니란 말이죠!

뭔가를 소중히 생각하기 위해선 그 뭔가를 사랑해야 한다. 사랑이 없이 바라보는 것들은 나에겐 비어 있다. 사랑은 뭔가에 대한 관심이다. 관심이 있는 곳에서 사랑의 싹이 트는 것이다.

사랑은 수많은 것들 중에서 하나를 선택하고 그 선택한 것에 대해 끝없이 관심을 가지며, 자기 나름의 큰 의미를 부여하는 일이다. 사랑은 선택한 그 하나를 중심으로 넓혀가는 것이다. 처음에는 그 하나만을 소중하게 느끼다가 점차 그 주변에 있는 것들도 소중하게 여긴다. '아내가 마음에 들면 처갓집 말뚝을 보고도 절한다' 고 하듯이, 우리가 사랑이란 단어를 상대에게 부여하기 전에는 의미 없던 것들이 사랑의 대상이 되면 의미를 갖게 되고, 가치 없는 것들도 중요한 가치를 얻는다.

사랑하는 사람을
세상에 한 사람밖에 없다고 생각하기

사랑은 일반적인 것에서 특별한 것을 찾아내는 일이다. 사람을 사랑한다는 것은 만나는 많은 사람들 중에서 특별한 사람을 찾아내는 것이다. 이렇게 일반적인 것, 보편적인 것 중에서 선별하여 그것에 특별한 의미를 부여하는 순간부터 우리는 그 특별한 것을 기억하고 관심을 갖는다. 그러면서 그 특별한 사람이 사는 곳에도, 그가 좋아하는 것에도 관심을 갖는다. 이제 그 존재가 사는 곳만 봐도 정겹고, 특별한 장소로 여긴다. 그것을 우리는 사랑이라 부른다.

들에는 수많은 식물들이 있다 그중에는 자기 이름 하나 제대로 갖지 못한 것들도 수없이 많다. 그 식물을 잡초라 부른다. 농부는 잡초를 제거하기 위해 농사철 내내 땀 흘리는 수고를 한다 하지만 그 잡초도 도시에 오면 아름다운 정원을 빛내주는 존재로 자리매김할 수 있다. 사랑이란 이렇게 보편적인 가치를 특별한 가치로 만들며 일반적인 것을 특별하게 만드는 위대한 힘을 가진 아름다운 이름이다.

> 수백만이 넘는 수없이 많은 별들 속에 단 하나밖에 없는 꽃을 사랑하고 있는 사람은 그 별들을 바라보는 것만으로도 행복할 거예요. '저 하늘 어딘가에 내 꽃이 있겠지……' 하고 생각하면서. 그런데 양이 그 꽃을 먹어버리면 어떻게 되겠어요. 마치 모든 별들이 갑자기 사라져버리는 것과 같은 거예요! 그래도 그게 중요한 일이 아니란 말이냐고요!

우리의 삶도 마찬가지다. 우리가 의미 있다고 생각하는 것들은 이미 우리가 특별한 것으로 인식했다는 것을 의미한다. 그것은 우리가 부여하고자 하는 의미만큼 가치를 갖는다. 그러면서 우리의 삶은 생기를 얻는다. 사랑이 없는 삶은 공허하다. 사랑으로 채워가는 삶은 생기를 얻는다. 그래서 사랑하는 사람들의 눈빛은 더욱 영롱하고 아름다워진다. 반면 사랑의 불빛이 꺼진 이들의 눈빛은 뭔가 씁쓸하고 절망적으로 보인다. 따라서 우리는 늘 뭔가를, 아니면 누군가를 사랑하면서 살아야 한다.

사랑은 그저 바라보는 것만으로도 행복하고 즐겁다. 사랑하는 사람이 사는 마을이 정겹고, 그가 가지고 있는 소유물들과 비슷한 것만 보아도 이미 설레고, 같은 이름을 가진 전혀 다른 사람도 정겹고, 그를 다시 한 번 생각하고, 다시 한 번 관심을 갖는다. 사랑은 이렇게 의미 없던 것들을 의미 있게 하고, 내 의식에 존재하지 않았던 것이 깨어나게 한다.

사랑은 죽어 있는 것들을 산 것으로 느끼게 하고, 무의미한 삶을 생동

나에게 이별의 인사를 하러 와.

그럼 비밀 하나를 선물로 줄게.

감 있게 해주며, 자신 있게 살 수 있는 용기를 준다. 누군가를 많이 사랑하면 누군가를 살게 하고 용기를 주는 일이다. 때문에 사랑은 즐거운 일, 보람 있는 일이다.

우리가 누군가에게 위로받기보다는, 누군가에게 도움을 받기보다는, 누군가를 위로해줄 수 있는 마음, 누군가를 기꺼이 도와주고 싶은 마음은 무척 아름다운 일이다. 누군가에게 관심을 가져줄 수 있고, 누군가를 배려할 수 있다는 건 우리가 그만큼 자신이 있고, 넉넉한 마음이 있다는 증거다. 그것은 이미 우리가 그 누군가를, 아니면 그 무엇인가를 사랑하고 있다는 것이다.

산을 사랑하는 사람은 등산가가 되고, 운동을 사랑하는 사람은 스포츠맨이 되고, 죽어 있는 사물을 사랑하는 사람은 시인이 된다.

사람은 누구나 사랑받고 싶어 한다. 그래서 사람들은 어떤 방식으로든 돋보이는 모습을 보여주려 한다. 약점이 많고 내세울 게 별로 없는 사람은 어떤 방법으로든 자신을 드러내려 애쓴다. 그것이 자칫 이기적이 되어 다른 사람에 대한 배려를 무시하게 되면 스스로 고립된 함정에 빠지게 된다.

어떤 별, 어떤 떠돌이별 위에, 나의 별인 이 지구 위에 위로해주어야 할 어린 왕자가 있으니까요! 나는 그를 팔로 감싸 안고는 달래주었어요. 나는 그에게 말했어요.

"네가 사랑하는 꽃은 이제 위험하지 않아……. 양의 입에 씌우도록 내가 입마개를 하나 그려줄게……. 네 꽃을 위해 갑옷도 하나 그려 줄게……. 내가…….”

무슨 말을 어떻게 해야 할지 알 수 없었어요. 나 자신이 아주 서툴게 느껴졌어요. 어떻게 그를 달래줄 수 있을지, 어떻게 그의 마음을 다시 붙잡을 수 있을지 알 수 없었어요. 눈물의 나라는 그처럼 신비로웠어요!

누군가를 위로해주고 싶은 마음이 있을 때, 누군가의 슬픔을 나누고 싶어질 때, 그래서 갑자기 콧등이 시큰해짐을 느끼며 눈물이 왈칵 솟을 때 우리 속에 맑고 지순한 영혼이 숨 쉰다. 그때 우리 자신도 이 땅에 존재할 가치를 느낀다. 누군가를 위하는 마음이 있다면 그만큼 그 마음은 우리를 행복하게 해주기 때문이다. 우리를 행복하게 해주는 것은 무엇인가 또는 누군가를 사랑하는 것이다.

사람들마다 중요하게 생각하는 것은 각기 다르게 마련이다. 무언가를 중요하게 생각한다는 것은 이미 그 무엇인가를 사랑하고 있다는 의미다. 사랑은 상황에 따라 달라진다. 하지만 어린 왕자의 말처럼 중요한 것은 보이지 않는 것이듯, 진정한 사랑도 그와 같다. 쉽게 변한 사랑은 진정성이 없기 때문이다. 쉽게 변하는 것을 중요한 것으로 생각하고 있다면 그것은 집착이나 욕심이다. 중요한 것은 우리 내면에 감추어져 있어서 쉽게 드러나지 않는다. 그 중요한 것은 쉽게 변하지 않는 것들이어야 한다. 그것이 우리를 행복하게 하고, 우리의 삶을 윤택하게 만든다. 중요하게 여겨야 할 대상을 제대로 찾아서, 그 중요한 것을 사랑할 수 있는 순간 우리는 진정한 행복을 얻을 수 있다.

사랑이란 많은 사람들 중에서 하나를 선택하고 그 하나를 바라보는 일이다. 그렇게 그 하나를 바라보면서도 세상 모든 것을 바라보는 것보다 더 가슴 벅차고, 그 하나로도 너무 기뻐 눈물이 날 듯한 그런 마음, 그것이 진정 사랑이다. 사랑하는 일로 너무 가슴 벅차고 가슴에서 용솟음쳐 흘러나오는 눈물, 그 눈물이야말로 너무나 아름다운 신비의 나라다.

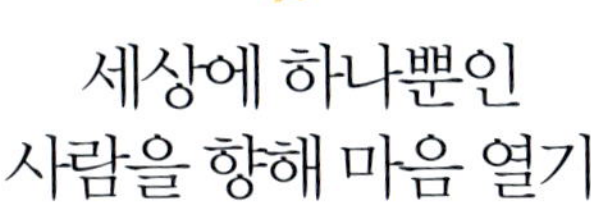

세상에 하나뿐인 사람을 향해 마음 열기

살다보면 여러 부류의 사람을 만난다. 처음에는 좋게 느꼈으나 자주 만나보면 부담이 가는 사람이 있고, 처음에는 탐탁지 않아 보였는데 오래 접하다 보면 진국인 사람도 있다. 또 처음부터 지금까지 언제 보아도 좋은 사람이 있다.

> 나는 아주 빨리 그 꽃을 더 잘 아는 방법을 알게 되었어요. 어린 왕자의 별에는 언제나 아주 소박한 꽃들, 요컨대 꽃잎이라곤 하나밖에 안 달린 꽃들이 있었던 거예요. 이 꽃들은 그다지 많은 자리를 차지하지도 않고, 어느 누구에게도 방해가 되지 않았어요. 어느 날 아침에 풀밭에 나타났다가 저녁이 되면 조용히 져버리곤 했죠. 그런데 어느 날 어디서 날아왔는지 알 수 없는 씨앗 하나가 싹이 텄어요. 어린 왕자는 다른 싹과 닮지 않은 이 어린 나무를 아주 가까이에서 보살폈죠. 어찌

면 새로운 종류의 바오밥나무였는지도 몰라요.

그러나 이 어린 나무는 이내 성장을 멈추고 꽃을 준비하기 시작했지요. 어린 왕자는 커다랗게 뻗어 가는 꽃망울을 지켜보며 곧 어떤 기적이 나타나리라고 생각했어요.

새로운 것, 새로운 사람과의 만남은 설렘과 두려움 또는 어떤 불안감을 갖게 한다. 그것은 알 수 없는 미지의 존재, 낯선 존재이다. 우연이라는 토양에서 아주 작은 믿음이라는 싹이 나오고, 종래는 숙명으로 자리잡는다. 만남이란 이렇게 시간과 공간과 믿음이라는 마음의 삼위일체의 결합체다. 이렇게 다가오는 숙명이 나에게 어떤 결과를 가져다줄지는 모를 일이다. 그럼에도 우리는 그 두려운 만남을 위해 인생이라는 우연의 길을 따라가는 여행자이다. 그 길목에 어떤 숙명적인 만남, 슬픈 만남이 기다리고 있을지 모른다.

우리는 대부분 소박한 사람들을 좋아한다. 신실한 사람들이다. 그다지 소리도 없는데 있어야 될 자리에 있어주는 사람을 좋아한다. 얼음 밑을 흐르는 물은 소리가 없지만 분명히 얼음 밑으로 흐르고 있다. 그처럼 실체는 늘 변함이 없듯이, 그런 모습을 닮은 사람, 우리는 대개 그런 사람들을 좋아한다. 그리고 그런 사람들을 만나면 우리는 그런 만남을 가져다준 신이 무척 고마워지고, 너무나 신나는 만남이 된다. 사람보다 소중한 존재는 없다. 서로 믿으며 마음을 나누며 살아간다는 건 참으로 아름다운 일이다.

남자와 여자 사이도 마찬가지다. 서로에게 진실할 때 그 관계는 편안하고 부담 없는 관계로 자리 잡는다. 사랑이란 불편한 것이 아니라 서로 편안한 만남이어야 한다. 더불어 살면서도 서로에게 방해가 되지 않으려면 서로의 공간을 인정하고, 서로의 마음의 공간도 이해해주어야 하며, 배려해주어야 한다. 이성간의 만남은 서로를 구속하지 않고 불편하게 하지 않고, 서로 갖지 못한 것을 보완해주는 역할을 해야 한다.

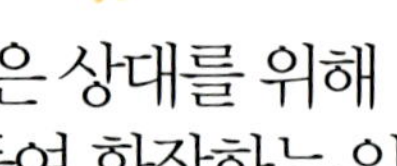

사랑은 상대를 위해 정성들여 화장하는 일

진정 아름다운 삶은 준비하는 삶이다. 꽃은 식물 어딘가에 숨어서 정성스레 자신에게 어울리는 색깔을 고르고 적절한 시기에 피어나 마음껏 아름다움을 뽐내다 알찬 열매를 맺기 위해 땅 밖으로 나오기 전에 차분하게 준비에 준비를 거듭한다. 자신을 보아줄 이들에게 어떤 모습을 보여야 제일 아름다울지 생각에 생각을 거듭한다. 그러고 나서 드디어 아름다운 모습으로 피어난다. 우리도 이처럼 보다 아름다운 삶을 살기 위해서는 늘 마음의 화장을 하고 있어야 한다.

그러나 꽃은 초록빛 방에 숨어 계속 아름다움을 가꾸고 있었어요. 정성 들여 자신의 색깔을 고르고 있었어요. 꽃은 천천히 옷을 입고 꽃잎을 하나하나 가다듬었지요. 그 꽃은 개양귀비 꽃처럼 구겨진 옷차림으로 외출하고 싶지 않았던 거예요. 아름다움이 가장 빛을 발할 때 모습을 드러내고 싶었던 거지요. 아, 정말! 멋들어진 꽃이었어요! 그 꽃의 신비로운 화장은 꽤 여러 날이 걸렸어요.

그리하여 어느 날 아침, 바로 해가 뜰 무렵 그 꽃은 제 모습을 드러냈어요.

그 꽃은 아주 꼼꼼하게 화장을 했음에도 불구하고 하품을 하며 이렇게 말했죠.

"아! 전 이제 겨우 잠에서 깨어났어요……. 미안해요……. 아직 머리도 엉망이고……."

그러나 어린 왕자는 감탄을 억제할 수가 없었어요.

"당신은 정말 아름답군요."

우리는 꽃과 더불어 살기보다는 그 꽃을 감상하며 산다. 꽃을 꺾고 그것을 소유하면 이내 그 꽃에 싫증을 느낀다. 보고 감상하고 향기를 맡으며 나보다 여린 누군가를 보호하는 것처럼 다가서야 오래도록 아름다움을 유지할 수 있다. 사랑을 하려면 꽃을 보듯, 꽃을 보호하듯 서로의 따뜻한 배려가 필요하다.

또한 우리는 꽃이 제 몸을 정성스레 보호하듯 자신을 지키며 살아야 한다. 아무렇게 사는 것은 너무도 어리석은 일이다. 헌 빈뿐인 삶, 아무렇게나 살아선 안 된다. 자신을 제대로 가꾸지 못하며 산다면 보기에 추하다. 악취만 난다. 그러니 항상 소중하게 가꾸며 아름답게 지켜야 한다.

꽃은 조용히 녹색 방안에 앉아 좀체 단장을 마치지 못한다. 어떤 색깔이 될까 고민하느라 늑장을 피우며 세심하게 옷을 골라 입고 꽃잎을 하나씩 정돈한다. 개양귀비처럼 찌그러진 얼굴이 아니라 한창 아름다운 모습으로 나타나고 싶어 한다. 아름답고 싶은 본능을 고스란히 간직한 꽃은 여인을 닮았다. 어린 왕자는 꽃의 아름다움을 사랑하여 물도 주고, 밤이면 이불 대신 고깔도 씌워주고, 바람이 불면 바람막이로 가려준다.

"그때 난 아무것도 알지 못했어요! 말이 아니라 행동을 보고 판단해야 했어요. 그 꽃은 나를 향기롭게 해주고 내 마음을 맑게 해주었어요. 거기서 도망쳐 나오는 것이 아니었어요! 그 가련한 속임수 뒤에 애정이 숨어 있는 걸 알아차려야 했어요. 꽃들은 아주 모순덩어리예요! 하지만 난 너무 어려서 꽃을 사랑할 줄 몰랐던 거예요."

어린 왕자는 꽃을 떠나온 걸 후회한다. 투덜거림 속에 애정을 감춘 여인의 무기는 때로 남자를 짜증나게 만들고 부담을 준다. 남자는 단순해서 그 속을 알지 못하지만 마음에 없는 말로 상처를 주기까지 하는 여자의 심보, 투덜거림은 실상 애정의 다른 표현이다. 심술이 궂으면 궂을수록 여자는 그 남자를 더 사랑하고 있다는 반증이다. 하지만 지나친 그런 관심은 상대를 불편하게 하고 실망하게 만든다. 그렇게 귀찮게 하고 못살게 구는 것이 사랑의 다른 표현임을 알게 되기에는 꽤 많은 시간이 필요하고, 아니 알지도 못하고 티격태격하다 결국 깨지고 말지도 모른다.

사람이 사람을 만나서 서로에게 익숙해지기까지는 많은 양보와 배려가 필요하다. 사랑하는 일에는 많은 제약이 따른다. 사랑이란 나를 깎아서 상대에게 주어도 아프지 않고 오히려 즐거워야 한다. 사랑하는 일에는 아픔이 필연적으로 다가온다. 더구나 이성간의 사랑이란 전혀 다른 본능을 가진 두 우주가 만나고 충돌하는 일인지라 그만큼의 아픔이 동반된다. 아픔이 있고, 접근하기 어렵기 때문에 사랑은 아름답다.

하얀 웨딩드레스를 입은 신부의 모습, 곱게 화장을 하고 몇 번이고 머리를 매만지며 다소곳이 신랑에게 나아가길 기다릴 때의 신부의 모습은 무척 아름답다. 예식장에 신부가 입장해서 사람들에게 아름다운 모습을 보여주는 시간은 불과 20여 분에 지나지 않지만 그 준비과정은 많은 노력과 시간이 필요하다. 때로는 어느 정도의 아픔도 필요하다. 그 짧은 아름다움을 드러내기 위해 많은 준비를 한다. 우리의 삶에는 준비과정도 결과만큼 중요하게 배분돼 있다. 준비과정도 우리 삶의 일부이기 때문이다. 우리의 아름다운 모습들은 그것이 현실로 드러나거나 결과로 보일 때의 모습이라기보다는 준비하고 기다리며, 뭔가를 꿈꾸고 있을 때의 모습일지도 모른다.

한 여인이 신부로 등장하기 위해서는 화장을 하고, 머리를 다듬고, 예식에 맞춘 마음가짐과 몸치장을 위한 준비가 필요하다. 신부의 등장은 다른 사람들 앞에서의 의식을 위한 과정이다. 수많은 광물들 속에서 금을 추출해내기 위해서는 제련이란 과정이 필요하다. 그렇게 선택의 과정을 거치고 불순물을 제거하고 나서야 그 광물들 중 일부만이 금으로 탄

생한다. 여인이 신부로 탄생하는 일은 별것 아닌 일상처럼 보이지만 그런 과정을 거쳐야 한다.

상대의 단점도 기꺼이 받아들여주기

꽃은 아름답다. 그러나 피어 있을 때는 아름답지만 질 때는 추하기도 하다. 향기는 보이지 않을 뿐만 아니라 그 실체를 확인할 수도 없다. 꽃이, 향기가 어느 순간 사라져버리는 것처럼 사람과의 만남도 그런 경우가 얼마든 있다. 사람을 만날 때 그가 완벽하기를 바라는 것은 무리이다. 그 사람으로 인해 실망하지 않으려면 그 사람의 현재 모습만 믿어야 한다. 그 사람의 현재만이 소중하다. 그리고 지금 향기롭게 느껴진다면 그걸로 만족해야 한다.

장미가 아름다운 것은 꽃만이 아니라 가시를 가지고 있기 때문이다. 함부로 다가갈 수 없어서 아름답다. 어린 왕자가 사랑하는 장미에게도 가시가 있다. 장미는 가시를 가진 식물이다. 이 가시가 어린 왕자를 괴롭게 하고 고뇌하게 하는 것처럼, 장미의 이 네 개의 가시는 여인의 까다로운 본성을 상징하고 있다.

어느 날 그는 내게 속마음을 털어놓았어요.

"꽃의 말을 듣지 말아야 했어요. 절대로 꽃들의 말을 들어서는 안 돼요. 그냥 바라보고 향기나 맡아야 해요. 내 꽃은 내 별을 향기롭게 해주었는데도 나는 그걸 즐길 줄 몰랐던 거예요. 그 발톱 이야기만 해도 그래요. 내가 그렇게 화를 낼 것이 아니라 가엾게 여겼어야 하는 건데……."

우리의 인격은 말, 행동 그리고 마음으로 이루어져 있다. 우리는 모두 누군가와 교제하면서 상대의 내면을 알고 싶어 한다. 우리의 만남이 올바른지 그른지 또는 좋은지 나쁜지를 좌우하는 것은 상대방의 내면 세계에 의해 좌우되기 때문이다.

우리가 상대방을 알 수 있는 것은 우선은 그의 말을 통해서다. 그리고 그 사람의 외모이다. 어떻게 보면 외모란 그 사람의 내면의 반영이라고 볼 수도 있다. 내면을 조금이나마 엿볼 수 있는 것이 상대의 인상이니까. 말은 우리가 상대를 평할 수 있는 기준이 된다. 그러나 그 말은 다 믿을 수가 없다. 말에 이은 행동이 어떻게 나타나는가가 중요하다. 말은 행동에 앞선 선행조건일 수도 있다. 물론 행동이 앞서는 경우도 있다. 말과 행동이 일치되면 우리는 어느 정도 그를 믿는다. 그리고 이제는 그 말과 행동이 언제까지 일치되는지를 보아야 한다. 때로는 가식적인 언행일 수도 있기 때문이다.

첫번째 가시 – 오만함

여성의 본능적인 네 개의 가시 중 하나는 오만함이다. 이 오만함이 때로는 남성들을 끌어들이는 매력으로 작용하기도 하지만 남성들의 접근을 막는 수단이기도 하다. 여성의 오만은 남성이 사랑의 감정으로 볼 때는 장점이다. 하지만 그 관계가 소원해지면 오히려 실망하게 만드는 단점으로 변할 수도 있는 가시이다. 진정한 사랑은 오만을 원하지 않는다. 사랑은 겸손과 겸손이 만나서 쌓아가는 성이다.

그리고 그 꽃은 아주 꼼꼼하게 화장을 했음에도 불구하고 하품을 하며 이렇게 말했어요.

"아! 전 이제 겨우 잠에서 깼어요…… 미안해요…… 아직 머리도 온통 헝클어져 있고……."

그러나 어린 왕자는 감탄을 억제할 수가 없었어요.

"당신은 정말 아름답군요."

꽃이 부드럽게 대답했어요.

"아, 뭘요? 그리고 전 해님과 함께 태어났어요……."

어린 왕자는 그 꽃이 그다지 겸손하지 못하다는 걸 알아차렸어요. 그러나 그 꽃은 마음을 설레게 하는 꽃이었어요!

두번째 가시 – 허영심(기생성)

허영심이 지나치면 모든 것을 상대에게 의존하려는 기생성으로 발전한다. 사랑을 받는 여성은 자신도 모르게 우쭐하게 되고, 세상의 모든 것이 자신을 위해 존재하는 것처럼 착각한다. 그럼으로써 여성은 허영심을 갖는다. 사랑하기 때문에 자기희생을 무릅쓰고 잘 대해주려는 것을 오해하여 자신이 특별한 존재이기 때문에 사랑받는다는 착각, 그런 허영심을 갖는다. 하지만 사랑이 식으면, 상대는 그 허영심을 가시 보는 듯 불편해한다. 허영심은 자기 착각에서 비롯된다. 사랑을 받는 여성들은 은근히 허영에 빠져서 자기를 내세우려 한다. 그래서 자신을 화려하게 치장하려 한다. 그러한 허영심이 남성의 접근을 어렵게 한다. 어린 왕자는 자기의 꽃을 위해 바람을 막아주고 꽃을 먹으려는 짐승으로부터도 지켜주어야 했다. 꽃은 수동적이어서 보호를 받아야만 살 수 있기 때문이다. 진정으로 사랑받으려면 허영의 가시를 뽑고 겸손해야 한다.

"내 생각엔 아침식사 시간이 된 것 같아요. 제발 내 생각 좀 해주셨으면 좋겠는데……."
그러자 어린 왕자는 어쩔 줄 모르며 시원한 물이 담긴 물뿌리개를 찾아다가 꽃의 시중을 들었어요.
이렇게 그 꽃은 약간은 심술궂은 허영심으로 그를 몹시 괴롭혔죠. 예를 들면 자기의 가시 네 개에 대해 이야기하면서 어린 왕자에게 이런 말을 했어요.
"호랑이들이 발톱을 가지고 덤벼들지도 몰라요!"
어린 왕자가 반박했어요.

"내 별에는 호랑이가 없어요. 그리고 호랑이들은 풀 따위는 먹지도 않아요."

세번째 가시-복잡함(모순성)

남성에 비해 여성의 심리는 복잡해 쉽사리 그 내면을 알 수 없다. 더구나 내숭을 떨거나 속내를 감추면 도무지 그 속을 알 수 없다. 여성은 무척 까다롭다. 솔직한 내면을 보여주는 것이 아니라 자신의 내면에 연막을 친다. 그리고 그것을 마치 자신의 매력인 것처럼 포장한다. 남성들로 하여금 착각하게 만들거나 속내를 보여주지 않음으로써 오해하게 만든다. 좋아하는 것 같으면서도 사실은 좋아하는 것이 아니며, 투덜거리는 투로 보아 싫어하는 것 같지만 속으로는 좋아하는 이중성, 그것이 여성의 특성이다. 장미의 속성, 여성의 속성을 대변하는 장미에게 어린 왕자는 실망을 느낀다. 그리곤 좌절한다. 단순하고 요령을 모르는 어린 왕자에게 장미는 솔직해야 한다. '이러이러한 것은 싫고, 이러이러한 것은 좋아' 라고 표현해야 한다.

"전 풀이 아니에요."
"미안해요……."
"호랑이는 전혀 무서울 게 없지만 그래도 바람은 무서워요. 당신은 바람막이가 없으세요?"
'바람을 무서워하다니…… 그렇담 이 식물은 참 안 됐구나. 이 꽃은

정말 까다롭구나…….'

하고 어린 왕자는 깊이 생각했어요.

네번째 가시 – 위선(뻔뻔스러움)

도움을 받고도 모른 척한다든지, 아니면 아예 고마움을 인지조차 하지 못하는 것은 위선이며 뻔뻔스러움이다. 때로는 고운 미소로 본심을 숨기고 유혹하기 때문에 그 유혹에 빠지는 남성들이 많다. 남성은 그 미소가 진실인 줄 안다. 하지만 막상 본심을 알고 나면 실망한다. 거짓을 감추기 위하여 여성은 때로 눈물을 무기로 사용한다. 알지 못하면서도 꾸며내는 일, 그 거짓이 들통나고도 태연하게 다른 일로 얼버무려 넘어가는 일, 그것이 지나쳐서 진실이 알려지고 나면 상대는 실망한다. 여성은 처음 사랑을 구할 때는 누구나 요조숙녀처럼 행동하지만 일단 사랑해주는 사람이 생기면 자기관리에 소홀하다. 그때부터 여성은 매력을 잃어간다. 위선은 언젠가는 드러나게 마련이기 때문이다. 가시가 매력으로 보일 때도 있지만 가까워지고 나면 가시는 매력이 아니라 장애이며, 사랑의 방해물일 뿐이다. 그러니 가시도 적당히 자라게 해야 한다.

그러나 꽃은 거기서 말을 그만두었어요. 꽃은 씨의 모습으로 왔던 거예요. 그래서 다른 세계를 결코 알 리가 없는 거죠. 그런 순진한 거짓말을 꾸미다가 들킨 게 부끄러워서 꽃은 잘못을 어린 왕자에게 뒤집어씌우려고 두세 번 기침을 했어요.

하지만 난 너무 어려서 꽃을 사랑할 줄 몰랐던 거예요.

"그 바람막인 어떻게 됐어요……?"

"찾으러 가려는 중이었어요. 그런데 당신이 말을……."

그러자 꽃은 억지 기침을 하여 어찌됐든 어린 왕자를 후회하도록 만들었어요.

어린 왕자가 장미와 불화를 겪은 까닭은 이 네 개의 가시들 때문이다. 물론 이 네 개의 가시를 여성의 전유물이나 여성의 특성으로만 볼 수는 없다. 상징적으로 여성을 지칭했지만 남녀 누구에게나 해당하는 가시이다. 남자든 여자든 이러한 까칠함은 동일하기 때문이다. 성의 문제가 아니라 개인의 문제인 것이다. 단지 작가는 순진한 어린 왕자와 장미의 관계설정에서만 그런 특성을 서술했을 뿐이다. 사람이라면 누구나 이러한 가시를 가지고 있다. 그것을 인식하느냐 못 하느냐의 문제도 성과는 관계없는 보편적인 사람들의 차이일 뿐이다. 그러므로 이 네 개의 가시를 여성의 전유물로 취급하면 안 된다. 우리 스스로 이런 까칠함에서 벗어나려 노력해야 진실한 사랑을 만날 수 있고, 오래도록 그 사랑을 유지할 수 있다.

"그때 난 아무것도 알지 못한 거예요! 말이 아니라 행동으로 그 꽃을 판단했어야 했어요. 그 꽃은 나를 향기롭게 해주고 내 마음을 밝게 해주었어요. 거기서 도망쳐 나오는 것이 아니었어요! 그 불쌍한 속임수 뒤에 애정이 숨어 있는 걸 알아챘어야 했어요. 꽃들은 아주 모순덩어리예요! 하지만 난 너무 어려서 꽃을 사랑할 줄 몰랐던 거예요."

사랑은 조용히 사랑하는 이를 위해 타인의 침입을 막고 자신을 방어하는 일이다. 어느 정도의 어려움쯤은 참고 견디어야 한다. 온실에서 자라는 꽃처럼 아무런 문제가 없는 꽃에는 벌도 나비도 날아들지 않는다. 그 꽃은 향기도 부자연스럽고 연약하여 제대로 열매도 맺지 못한다. 사랑은 용서받기를 원하기보다는 상대를 먼저 용서할 때, 나의 행복을 추구하기보다는 상대의 행복을 도우려할 때 자리 잡는다.

사랑은 누군가에게 종속되어 있는 것도 아니다. 동등한 위치에서 바라봄이며, 일방적이 아니라 서로가 서로에 대한 배려 위에서 나란히 서서 같은 곳을 바라보는 일이다. 사랑은 서로 가꾸어 가는 일이다. 사랑은 모든 것의 용서이다. 용서 없이 사랑할 수는 없다. 사랑은 항상 현재형이다. 과거의 그를 사랑하는 것이 아니라 현재의 그를 사랑하는 것이다. 과거나 미래의 그가 중요한 것이 아니라 현재의 내가 그를 어떻게 대하고 있느냐만이 사랑의 기준이다. 사랑은 내가 특별히 의미 부여를 한 그를 위해 나 자신과의 약속을 지키는 일이다.

특별한 존재를 기다리면서 다른 유혹으로부터 자기 방어를 위해 나름대로의 무기를 가지고 있는 장미처럼 사랑은 사랑하는 사람을 위해 스스로를 소중히 간직하는 것이다. 사랑의 기본요건은 자기사랑이다. 자신을 아무렇게나 내버려두는 사람은 사랑받을 자격이 없다. 자신의 소중함을 인식하며 자신을 소중히 가꾸는 사람이 진정 사랑받을 자격이 있다. 사랑받을 준비, 사랑할 준비가 되어 있는 이들이 아름답다.

한편으로는 사랑하는 이가 접근해 오기를 바라면서도 막상 다가오면 흠칫 물러서는 사람, 때로는 심술궂게도 상대를 물리치려하고 본의 아니게 가시를 드러내어 상대에게 실망을 주기도 한다. 그럼에도 그를 사랑하기 위해서는 결국 그 가시를 인정해주어야 한다. 그 가시마저도 매력으로 용납하며 배려하는 마음이 있을 때 진정으로 사랑할 수 있다. 장미의 허영심이나 자존심, 기생성, 뻔뻔스러움을 다 용서할 수 있을 때, 어린 왕자는 그 장미에게 돌아갈 수 있다. 그런 것을 깨닫게 되기까지는 많은 시련을 겪어야 하고, 많은 사람들을 겪어야 한다.

사랑에 따르는 수고와 아픔도 기쁨으로 받아들이기

장미는 생텍쥐페리의 아내 콩쉬엘로 순신이다. 여러 번의 연애를 거친 후 만난 콩쉬엘르 순신은 살바도르 출신의 정열적이고 아름다운 여성이었다. 생텍쥐페리는 비행대대에 입대하여 항공 업무를 맡고 있던 1930년, 그가 서른 살 때 친구의 소개로 콩쉬엘로를 만나 그녀의 지적인 미모에 반한다. 그렇게 시작된 사랑으로 1931년 3월에 프랑스 지중해에 있는 도시 아게에서 결혼식을 올린다. 그의 아내는 아르헨티나 신문기자 고메스 카리오의 미망인으로, 지적이며 냉정하고 자기과시적인 다혈질의 여성이었다. 당연히 부부싸움도 했고 남편에게 맞서 싸우기도 했고, 말리는 남편 친구의 뺨을 때리기도 할 정도로 격한 성격의 여성이었다고 전해진다. 그녀의 행동은 항상 꿈속을 헤매는 듯했다. 그것이 생텍쥐페리에게는 뿌리칠 수 없는 매력으로 다가왔다. 연애시절엔 까탈스러움, 도도함 등이 매력으로 보이기도 한다. 어린 왕자가 장미에게 묘한 매력을 느꼈듯이 말이다.

장미가 가시를 가진 꽃이었음을 어린 왕자가 나중에야 깨달았듯이 생텍쥐페리 역시 콩쉬엘로 순신의 까다로움을 나중에야 알았다. 전에는 가시나 까다로움이 매력으로 보였던 탓이다. 그녀는 강한 개성만큼 절대로 남에게 지기 싫어하는 성격의 소유자였다. 그래서 생텍쥐페리는 결혼 생활 내내 힘들어 했다. 장미의 가시에는 여러 가지 의미가 내포되어 있다. 작품 속 장미는 본래부터 어린 왕자의 별에 있지 않았다. 어딘지 모를 곳에서 바람을 타고 날아와 왕자의 별에서 싹이 텄던 것처럼, 그녀 역시 생텍쥐페리에게는 우연한 만남이었다.

누구에게나 사랑은 우연한 만남에서 시작되어 하나의 숙명으로 자리 잡는다. 장미의 싹이 돋아났을 때, 어린 왕자가 혹시 바오밥나무의 씨일지도 몰라 불안해했던 것처럼, 누군가를 만나면서 그 만남에 의미부여를 하는 크기만큼 불안감도 크게 마련이다. 생텍쥐페리가 여인을 만나는 일도 처음엔 두려움과 설렘이 절반씩 섞여있었다. 이렇게 시작된 만남, 그것이 결실을 맺기 위해서는 여러 가지 과정과 의식이 필요하다. 그만큼의 시간을 필요로 한다.

콩쉬엘로는 그야말로 가시 돋힌 장미였다. 그녀는 때로 며칠씩 대화도 거부하고, 집안일도 하지 않고 생텍쥐페리를 난처하게 만들곤 했다. 콩쉬엘로가 생텍쥐페리에게 까다로운 여인이었다면, 장미는 어린 왕자에게 까다로운 연인이다. 이렇게 오만, 허영, 까다로움, 위선이라는 네 개의 가시를 가진 장미를 사랑하기 위해서 어린 왕자는 사랑의 완성을 향한 통과의례를 시작한다. 그런 단점을 지닌 장미임에도 불구하고, 어린 왕자는 상대를 사랑하기 위해 노력한다. 그 과정을 거쳐야만 그 단점들이 그에게 장점으로 다가오기 때문이다. 오만은 자신감으로, 허영은 아름다움으로, 까다로움은 신비로운 매력으로, 위선은 부드러움이나 애교로 다가와야 한다.

장미를 사랑하기 위해 어린 왕자는 우선 육체적인 노력으로 물을 주고, 유리덮개로 보호해주고, 바람막이로 바람을 막아준다. 사랑이란 이렇게 외부로부터 사랑하는 사람을 보호해주는 일이다. 그렇게 들인 시간과 정성이 사랑을 공고하게 해주기 때문이다.

정신적인 노력도 필요하다. 내가 말하기보다는 오히려 상대의 불평을 들어주고, 자랑에도 귀를 기울여주어야 하며, 침묵까지도 들어주는 배려를 해야 한다. 불평을 들어주는 일이 때로는 짜증날 수 있다. 그러나 참고 불평을 들어야 한다. 자랑을 듣고 있노라면 유치해 보일 수 있다. 하지만 유치하게 생각하지 말고, 진지하게 들어야 한다. 침묵을 들어주는 일이 가장 어렵다. 침묵은 말이 없는 것 같지만 그 무엇보다 더 많은 말을 담고 있기 때문이다. 어쩌면 가장 불평이 많을 때, 가장 힘들 때 말을 하지 않는 것이 사랑이다. 그러니 그 무엇보다도 침묵을 듣고 이해하려 노력해야 한다.

이처럼 우리가 사람을 사랑하는 일에는 정신적인 배려와 육체적인 수고가 따른다. 상대를 위한 노력이나 투자가 상대를 아름답게 하고, 상대로 하여금 나에 대해 온순하게 한다. 진정한 사랑일수록 이러한 통과의

례는 필연이다. 그래서 '사랑이란 우리의 노력과 수고가 있어서 아름답다' 라고 정의할 수 있다.

자기 행동과 말에 책임지기

어린 왕자는 장미를 떠나기 진에 다시 돌아올 날을 위해 자리를 정리한다. 작은 별에서 시작된 그의 여행은 세상의 견문을 넓히고 나서 성숙한 왕이 되기 위한 과정이다. 여행이란 다시 돌아옴을 전제로 한다. 그러기에 그는 떠나기 전에 마음의 정리와 주변정리를 한다. 그는 자기 별을 잘 정돈한다. 크기라야 방 하나 정도이기 때문에 정리는 어려운 일이 아니다. 그 다음으로 해야 할 일은 화산을 청소하는 일이다. 그의 별에는 화산이 세 개 있다. 한 개의 화산은 뭔가를 끓이는 도구로 사용하고 있으며, 또 하나의 화산은 불이 나오지 않도록 마개를 막아놓았다. 그리고는 죽어 있는 화산을 청소한다.

떠나는 날 아침 그는 별을 잘 정돈해놓았어요. 그는 불이 있는 화산을 정성스럽게 청소했지요. 그에겐 불 있는 화산이 둘 있었어요. 그것들은 아침밥을 데우기에 편리했죠. 사화산도 하나 있었어요. 하지만 그는 "정말 모를 일이야!"라고 말하며 똑같이 소제했어요. 소제만 잘 되어 있으면 화산들은 폭발하는 일 없이 조용히 규칙적으로 불타오르게 마련이거든요.

화산 폭발은 굴뚝의 불길과 같은 거예요. 물론 지구 위에서 화산을 청소하기에는 우리가 너무 작아요. 그래서 우리는 화산 폭발 때문에 곤란한 일을 많이 겪게 되는 것이고요.

어린 왕자는 화산을 정성스럽게 소제해야 한다고 말한다. 이 화산들은 여성을 상징한다. 여성은 늘 관심을 가지고 배려해주어야 탈이 없다. 살아 있지만 침묵하고 있는 화산은 정성을 기울여 관리해주고 관심을 가져주어야 해를 주지 않고 적당히 타오른다. 자신의 여인도 정성을 다해야 상대에게 피해를 입히지 않고 일상적인 활동을 한다. 만일 화산에 대해 그렇게 정성을 들이지 않으면 너무 타올라서 우리 사는 세상을 삼켜버릴지도 모른다.

화산이라고 항상 살아 있는 것이 아니다. 사랑이라는 것도 언제까지고 열정적으로 지속되지는 않는다. 죽어 있는 화산도 마찬가지다. 화산은 죽어 있는 듯해도 제대로 정성을 들이지 않으면 어느 날 갑자기 휴면을 끝내고 타오를지도 모른다. 인간관계도 마찬가지다. 자신이 관리해야 할 사람들은 늘 정성을 다해주어야 뒤탈이 없다. 그렇지 않으면 사람들은 우리를 배반하고 우리와는 관계없는 사람들이 되거나 우리에게 해를 끼칠지도 모른다.

베란다에 둔 식물도 정성을 들여야 제대로 자라듯이 이웃이나 연인에

"정말 모를 일이야!"

게 늘 관심을 갖고 정성을 다해야 한다. 어린 왕자가 자신의 화산을 정성 들여 청소하듯이 가끔씩 빛바랜 수첩을 꺼내 적혀 있는 이름들을 기억하며 지울 이름, 새로 기입해야 할 이름, 당장 전화라도 해야 할 이름 등을 구분하여 그들에게 정성을 다해야 한다.

자기 별을 떠나던 날 아침, 어린 왕자는 그 별의 활화산 두 개와 사화산 한 개를 말끔히 청소했다. 하지만 어린 왕자가 장미에게 느끼는 피로는 한계를 넘었다. 장미는 왕자를 붙잡고 싶어 한다. 이미 어린 왕자는 마음을 굳힌 후이다. 우리가 만일 누군가와 사소한 일로 헤어졌다면 이내 후회를 하곤 한다. 서로가 피곤함을 느낄 때는 그것이 아주 중요한 일인 것 같아서 서로 자존심을 건 싸움을 하지만 막상 헤어져 다시 생각해보면 아쉬움이 남는다. 누군가 한 사람이 그때 조금만 자존심을 접었으면 그럴 일이 없었을 텐데 하는 아쉬움이다.

어린 왕자는 그것을 참지 못하고 장미의 곁을 떠난다. 떠난 후에 어린 왕자가 느낀 심정, 그것이 생텍쥐페리의 심정이다. 아내를 떠날 때는 홀가분함, 자유로움을 느꼈지만 지금은 떠난 것에 대한 아쉬움의 감정이 살아난다. 이제 어떤 명분을 가지고 다시 돌아가느냐가 그가 풀어야 할 문제다.

불, 화산, 사람, 여성, 꽃. 무엇이든 잘 관리만 하면 세상의 모든 것들은 우리에게 유용한 것들이다. 불은 차가운 몸을 따뜻하게 할 수 있다. 음식을 만들 때만이 아니라 여러 가지로 필요하다. 우리는 불 없이 삶을 영위할 수가 없다. 이렇게 꼭 있어야만 하는 불이지만 때로 불은 우리의 생명을 위협하고, 돌이킬 수 없는 피해를 입히기도 한다. 불은 우리와 잘 지

내면 더할 나위 없이 유용한 것이지만 잘못 다루면 끔찍하게 무서운 존재이다. 죽어 있지만 결코 죽어 있지 않고 살아나 우리를 즐겁게도 하고, 우리를 살리기도 하지만 치명적인 상처를, 재해가 되어 죽게도 만드는 무서운 존재이다.

물도 마찬가지다. 물 없이는 불과 몇 시간도 살 수 없을 만큼 우리 생명과 직결되는 아주 소중한 자원이다. 우리의 생명이라고 할 수 있을 만큼 중요한 삶의 요소지만 때로는 그 물로 인해 우리의 생명이 위협을 받기도 한다. 깨끗하게 잘 관리된 물은 우리에게 기쁨을 주고 생명을 유지 시켜주지만 오염된 물은 우리를 병들게 하고 불쾌하게 만든다. 사람도, 자원도 우리가 어떻게 관리하느냐에 따라 우리 삶의 약이 되고 독이 되기도 한다.

무엇이든 우리에게 화가 될지 유용한 것이 될지의 문제는 우리가 어떻게 관리하느냐에 달려 있다. 무엇하나 소홀히 여기지 않고 공평하게 관리하면 우리는 모든 것을 제대로 누리며 살 수가 있다. 사람을 사귀는 것도 마찬가지다. 우리가 어떻게 그를 만나느냐에 따라 화가 되기도 하고 선이 되기도 한다.

우리가 사는 세상에서 싸움이나 논쟁이 일어나는 이유는 우리 각자가 선입견을 갖고 있기 때문이다. 삶이란 각 개개인의 문화들의 충돌과 융화의 과정이다. 서로가 상대를 인정하고 서로를 소중히 여기며 서로에게 정성을 기울일 것을 어린 왕자는 가르쳐주고 있다. 우리에게 가장 소중한 것은 어떤 물질이 아니라 인간이다. 인간을 소중히 여기며 사는 것이야말로 아름답고 행복한 삶이다.

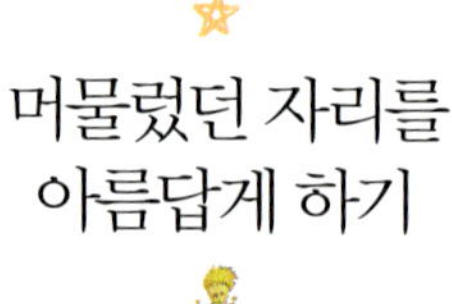

머물렀던 자리를 아름답게 하기

'회자정리會者定離' 란 말이 있다. 사람은 만날 때보다 헤어질 때 처신을 잘해야 한다는 말이다. 만나면 헤어지고, 헤어졌다가 다시 만나는 게 세상이다. 헤어지는 사람이라고 아무렇게나 보내선 안 된다. 언제 다시 어떤 위치에서, 어떤 식으로 만나게 될지 아무도 모르기 때문이다. 계산 없이 만나고 계산 없이 헤어지면 홀가분하다. 사람과의 관계에선 언제나 진실만이 소중하다.

어린 왕자는 좀 서글픈 마음으로 막 돋아난 바오밥나무의 싹들도 뽑았어요. 그는 다시 돌아올 수 없으리라 생각했던 거예요. 친숙한 그 모든 일들이 그날 아침엔 유난히도 정겹게 느껴졌어요. 그리고 마지막으로 꽃에 물을 주고, 유리덮개를 씌워주려는 순간 그만 울고 싶어졌죠.

"안녕."

어린 왕자는 꽃에게 작별 인사를 했어요.

그러나 꽃은 대답이 없었어요.

"잘 있어."

떠나는 사람의 뒷모습은 아름다워야 한다. 뒷모습을 보며 아쉬움이 남아야 그 만남이 의미 있었다고 말할 수 있다. 차마 보내주기 싫지만 그럼에도 보내야만 하는 만남은 서로가 진실한 만남을 가졌다는 의미다.

헤어지는 시점에는 모든 것이 정리되어 있어야 한다. 티끌만큼의 찜찜함도 남겨선 안 된다. 서로가 마무리를 잘해야 한다. 비록 헤어지는 순간 마음이 아프고 미련이 남아도 헤어진 후에는 서로에게 깨끗한 기억만 남겨야 한다. 우리는 그런 만남과 이별을 준비하며 살아야 한다.

사랑이란 것이 늘 같은 느낌, 같은 농도를 유지하기란 거의 불가능하다. 사랑은 물질이나 눈으로 볼 수 있는 것이 아니어서 계량화하거나 수치화할 수도 없다. 그래서 사랑은 늘 변화의 가능성이 있다. 영화의 대사처럼 "사랑이 어떻게 변하니?"라고 묻는다면 참 순진한 사람이다. 그럼에도 불구하고 사랑은 아주 소중한 선택이며, 소중한 감정이다. 그래서 사랑은 어떤 형태로든 잘 가꾸어 나가야 한다. 사랑을 유지하기란 참 어려운 일이다. 화가 나도 참아야 할 때가 있고, 자존심이 상해도 상대를 배려해야만 이어지는 것이 사랑이니까.

사랑이란 형태는 아주 다양하다. 부모와 자녀, 스승과 제자, 친구사이

등. 흔히들 사랑이라 할 때는 이성간의 사랑을 말한다. 우리가 살아가면서, 성을 느끼게 되는 순간부터 늙어서 죽는 순간까지, 우리는 그 사랑을 꿈꾸며 산다. 사회적인 통념, 또는 개인의 도덕적인 틀이 있기에, 그어진 틀 안에서, 또는 관습이나 정의에 의해 제약을 받으며 살아가지만 늘 사랑의 신비를 꿈꾸며 살아간다.

때로 상대를 침해하는 무언가의 염려도 어쩌면 진한 사랑이기 때문에 그의 일거수일투족을 보호해주고 싶은 열망이기도 하다. 사랑의 변화 가능성을 알기에 다른 가능성의 접근을 막으려 하며 사랑한다. 그러나 적당한 관심은 사랑이지만 지나친 관심은 간섭이 되고 속박이 된다는 걸 사랑하는 사람들은 알고 있을까!

조용하지만 그윽해 보이는 사랑, 비록 소리는 없지만 마음으로 주고받는 사랑, 마음을 나눠 갖는 이들의 사랑은 무척이나 아름다워 보인다. 아름다워지기 위해선 어느 정도의 고통을 감수해야 한다. 쉽게 변질되는 사랑은 진정한 사랑이 아니다. 진정한 사랑은 눈에 있는 것도 아니고, 귀에 있는 것도 아니다. 남이 뭐라고 하든 나와 너에 달려 있다. 사랑은 진정 마음의 울림이다. 눈이 즐겁고, 귀가 기쁜 사랑은 오래 남는 사랑이 아니다. 모든 조건을 배제한 정신적 교감의 사랑, 그것이 오래 기억되는 사랑이다.

어린 왕자의 사랑 이야기를 들어보자. 꽃은 나비를 만나기 위해 바람쯤은 이겨낼 각오가 되어 있으며, 커다란 짐승들을 막기 위한 가시도 갖고 있다고 어린 왕자는 우리에게 이야기한다.

장미는 사랑하는 어린 왕자가 떠나 있는 동안 자기 스스로를 지킬 수 있는 무기를 보여준다. 다름 아닌 네 개의 가시를 보여준다. 여성으로 상징되는 장미의 무기인 동시에 여성의 무기다. 남성들이 여성에게 다가가기 위해서는 이 네 개의 가시를 피하거나 허용해야 한다.

그리고 마지막으로 꽃에 물을 주고,
유리덮개를 씌워주려는 순간
그만 울고 싶어졌죠.

함께 있을 때
최선을 다해주기

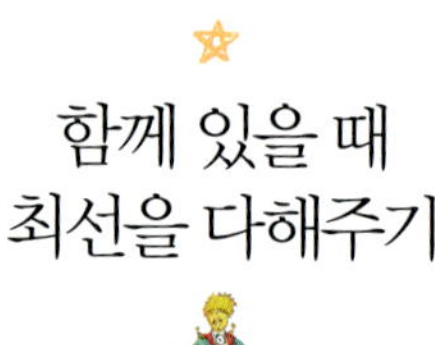

사람은 모두 별반 차이가 없는 것같이 보이지만, 그 느낌은 상대적이다. 다른 이에겐 아무것도 아니지만 나에게는 특별한 의미를 가져다주는 이가 있다. 또래나 아니면 근접한 나이의 이성들은 모두 사랑의 대상이 될 것으로 여긴다. 많은 이성들을 보면 별 차이가 없어 보이고, 모두가 사랑의 대상이 된다. 하지만 시간의 흐름에 따라 그 많은 사람들 중에 유독 호감 가는 사람이 생긴다. 그렇게 되면서 많은 이성들은 시야에서 사라지고, 오직 한 사람만이 내 눈동자를 채운다. 그 순간부터 우리는 사랑의 신호를 느낀다.

꽃은 기침을 했어요. 하지만 그것은 감기 때문이 아니었어요. 마침내 꽃이 말했어요.

"내가 어리석었어요. 용서해줘요, 부디 행복해요."

어린 왕자는 꽃이 나무라지 않는 것이 놀라웠어요. 유리덮개를 든 채 그는 멍하니 서 있었어요. 이렇게 부드럽고 침착하다니, 도무지 이해할 수 없었어요.

떠나는 사람에게 잠시라도 다시 생각할 기회를 주기 위해서라면 우선 나를 낮추어야 한다. 그리고 상대의 반응을 기다려 보는 것이다. 나의 이제까지의 행동들에 대해 상대가 오해할 수도 있었을 테니까. 오해란 아주 작은 인식의 차이에서 비롯된다. 내가 예상한 반응이 오지 않을 때, 상대가 오해하고 있음을 감지할 수 있다.

장미가 어린 왕자의 오해를 알아차렸을 때는 이미 늦은 일이다. 상대방이 내 말을 이해할 거라고 생각했지만 상대방은 전혀 다른 의도로 받아들인 결과의 차이다. 내가 의도한 바를 직접적으로 표현하기에는 쑥스러움이랄까, 아니면 반어적인 표현이랄까, 그렇게 나를 표현하지만 상대가 너무 순진해서 그 의도를 알아차리지 못하면 오해가 된다. 이미 마음을 굳힌 상태에서 그 오해를 되돌리기엔 늦는다. 그러니 상대에 따른 적절한 접근법이 필요하다. 이미 지난 실수나 오해를 되돌리기엔 어렵다. 웃는 얼굴로 그를 보내주어야 한다. 사랑이란 연습이 필요하지만 연습할 수도 없다. 사랑은 곧바로 실전이다. 그래서 사랑에는 진심은 물론이지만 기술도 필요하다.

"그래요, 난 당신을 사랑해요."

꽃이 말했어요.

"당신은 그걸 알아차리지 못했던 거예요. 내 잘못이에요. 그런 건 아무래도 괜찮아요. 하지만 당신도 나만큼이나 바보였어요. 부디 행복해요…… 그 유리덮개는 그냥 둬요. 이젠 필요 없어요."

"하지만 바람이……."

"감기가 그다지 심하진 않아요. 시원한 밤바람이 내 기분을 좋게 해줄 거예요. 난 꽃이니까요."

사랑한다면 상대에게 선언해야 한다. 그렇지 않으면 사랑은 혼자만 끙끙 앓다가 잃을 수도 있다. 사랑의 표현은 말로만 하는 것이 아니다. 사소한 것 같지만 관심을 끌 수 있는 시도는 여러 가지가 있다. 때로는 말로 하기가 쑥스러워서 춥지 않으면서도 추운 척을 하기도 하고, 보호받지 않아도 충분하지만 여린 척하기도 한다. 상대의 관심을 이끌어내려는 시도이지만 상대가 못 알아차릴 수도 있다. 관심을 끌려는 의도를 간파하지 못하면 오히려 상대는 불편을 느낀다. 그런 일련의 작은 움직임들을 상대가 알아차리지 못하면 그 사랑은 잘 이루어지지 않거나 더디게 이루어진다. 사랑이란 그래서 가끔은 어린 아이처럼 유치해져야 한다.

처음으로 사랑의 고백을 듣던 날, 우리는 얼마나 가슴의 쿵쾅거리는 소리를 들어야 했던가! 너무 설레고 떨려서 잠을 이룰 수 없었던 사랑의 고백, 하지만 영원할 것 같았던 순간들도 시간의 흐름에 따라 특별함에서 진부함, 또는 평범함으로 바뀌어가는 것이 또한 사랑이다. 떨림의 고백은 어디로 사라져 가고, 사랑을 받으면서 왠지 모를 자신감이 넘쳐 세상이 모두 나만을 위해 존재하는 것같이 느낀다. 그러면서 왕자병 환자가 되고, 공주병 환자가 되어, 처음에 배려하던 마음도 상대방 중심으로 살고팠던 마음도 잃어버린 채 상대가 나를 중심으로 내게 맞추어주기를 원한다. 거기에서 사랑은 갈등을 낳는다. 한 송이의 아름다운 꽃이 사라지고, 모두 같은 꽃으로 느껴지는 사랑으로 변하면서 우리는 사랑의 아픔을 겪기도 한다. 서로가 바보가 되어야만, 그래서 이기적이 아니라 이타적인 사랑을 해야만 순수해지고 아름답게 보존된다. 잠시의 헤어짐도 못내 아쉬워 애태우는 시간들의 집합, 그래서 우리는 사랑의 열병을 앓기도 한다.

어린 왕자의 말대로 모두 똑같이 생긴 오천 송이의 장미가 문제되는 것이 아니라 내가 의미 부여를 한, 그 한 송이의 장미만이 나에겐 소중하다. 사랑이란 보통사람들 중에서 특별한 한 사람으로 다가오는 이에게 기울어지는 마음의 크기이다. 사랑은 조건이 아니라 느낌이다. 조건이 있는 사랑은 진정한 사랑이 아니다. 사랑에는 조건이 없어야 한다. 작은 관심으로 시작하여 내가 그에게 어떤 의미 부여를 하느냐에 따라 사랑은 정해진다.

"하지만 짐승들이……."

"나비를 만나려면 두세 마리 벌레쯤은 견뎌내야 해요. 나비는 무척 아름다운 것 같아요. 나비가 아니라면 누가 날 찾아오겠어요? 당신은 멀리 있을 테고요. 커다란 짐승은 무섭지 않아요. 나한텐 손톱이 있으니까요."

그러면서 꽃은 천진하게 가시 네 개를 보여주었어요. 그리고 덧붙여 말했어요.

"그렇게 꾸물거리지 말아요. 자꾸 신경이 쓰여요. 이미 떠나기로 마음먹었으니 어서 가란 말예요."

꽃은 우는 모습을 보이고 싶지 않았던 거예요. 그만큼 자존심이 강한 꽃이었어요…….

여러 가지 시도에도 불구하고 떠나는 사람을 잡지 못하면 마지막으로 질투라도 유발시켜보아야 한다. 사람은 질투에 약한 존재이기 때문에 그런 계기가 주어지면 잠시 걸음을 멈추고 돌아보기도 한다. 자신의 평가가 절대적이라고 믿었지만 다른 경쟁자가 나타나면 상대에 대한 평가를 잠시 유보하거나 재평가하는 게 사람이다. 그런 어린 왕자의 심리를 장미꽃은 잘 알고 있다.

서로가 지킬 일은 지킬 수 있을 때 사랑은 더 신비롭고 아름답다. 상대가 나에게 아픔을 줄지라도 그것을 감내해야만 사랑이다. 그런 과정을 다 거쳐야만 사랑은 두 사람을 한 사람으로 만들어 준다. 사랑의 가시가 거리를 유지하게 하면 하나로 설 수 없다. 서로를 향한 완전한 믿음이 있어야만 서로를 받아들이는 축복을 받는다. 물론 그렇게 한번 들어온 사랑도 다시 닫히고 가시가 새로 돋아나곤 하는 것이니, 사랑은 세우는 것도 중요하지만 유지하고 보수하는 것이 더 중요할 수도 있다.

상대가 나보다 약하면 나는 그를 지켜주어야 하고, 상대가 외로우면 곁에서 노래도 불러주고, 시도 읊어주어야 한다. 그래서 사랑에는 사랑을 유지하는 기술이 필요하다. 상대가 짜증을 내도 사랑하기 때문에 그 잔소리가 조용한 음악소리처럼 청아하게 나를 기분 좋게 해준다. 반면 사랑한다고 해서 상대가 나에게 모든 것을 주리란 기대는 하지 말아야 한다.

"중요한 건 눈에 보이지 않아요……."

"물론이야……."

"꽃도 마찬가지예요. 아저씨가 어떤 별에 있는 꽃 하나를 사랑한다고 해 봐요. 그러면 밤에 하늘만 바라봐도 포근해지죠. 어느 별에나 다 꽃이 피어 있어요."

"물론이지……."

"물도 마찬가지예요. 아저씨가 마시라고 준 물은 어떤 음악 같았어요. 도르래랑 밧줄이랑…… 그것들 때문이에요…… 아저씨도 생각날 거예요…… 그 물은 좋았어요."

"물론이지……."

"아저씨는 밤에 별을 쳐다보겠지요. 내 별은 너무 작아서 아저씨한테 내 별이 어디 있는지 가르쳐줄 수가 없어요. 그게 더 잘된 건지 몰라요. 내 별은 아저씨에겐 여러 별 중 어느 한 별일 거예요. 그러면 어느 별을 바라봐도 다 좋을 거구요. 어느 별이나 다 아저씨 친구가 될 거예요. 난 아저씨한테 선물을 하나 줄게요……"

그는 다시 웃었어요.

"아! 꼬마, 꼬마야, 난 그 웃음소리가 듣고 싶어!"

"바로 그게 내 선물일 거예요…… 물도 마찬가지고……."

"무슨 의미니?"

"사람들에겐 별이라고 다 똑같은 별이 아녜요. 여행을 하는 사람들에겐 별들이 길잡이예요. 어떤 사람들에

PART 3

사랑을 아름답게 유지하는 법

겐 작은 빛에 지나지 않고요. 학자들이라면 별들은 문젯거리겠지요. 내가 만난 상인한테 별은 황금과 같아요. 그러나 별들은 말이 없어요. 아저씨가 보는 별들은 다른 사람들하곤 좀 다를 거예요……."

"무슨 말인데?"

"아저씨가 밤에 하늘을 바라보게 되면, 내가 그 별들 중 어느 별에서 살고 있고, 그 별들 중 어느 별에서 내가 웃고 있을 거기 때문에 아저씨에겐 마치 모든 별들이 웃고 있는 것처럼 보일 거예요. 아저씨는 웃을 줄 아는 별을 가지게 될 거예요!"

그는 또 웃었어요.

"그리고 아저씨 마음이 달래지면(우리는 늘 마음을 달래죠) 나를 알았다는 게 기쁠 거예요. 아저씨는 언제나 내 친구일 거구요. 아저씨는 나와 함께 웃고 싶을 거예요. 그래서 가끔 이렇게 기쁨으로 창문을 열겠죠…… 아저씨 친구들은 아저씨가 하늘을 쳐다보며 웃는 걸 보고 깜짝 놀랄 테고요. 그럼 아저씬 친구들에게 이렇게 말하겠지요. '그래, 별들이 항상 나를 웃게 해주는군!' 친구들은 아저씨가 미쳤다고 생각할 거예요. 내가 아저씨한테 너무 심한 장난을 한 것 같은데……."

그리고 그는 또 웃었어요.

"별들 대신에 웃을 줄 아는 작은 방울을 한 아름 아저씨에게 준 것이나 마찬가질 거예요……."

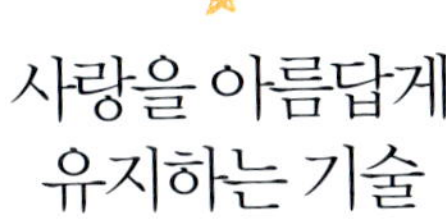

사랑을 아름답게 유지하는 기술

어느 정도 선 안에 있을 때 우리는 누군가에게 의지할 수 있고 보호받는다. 그 누구도 통제하지 않는 상태에 있게 된다면 그때부터 우리는 소외되기 시작한다. 무관심의 대상이 된다. 누군가 통제해주는 사람이 있을 때 비로소 우리는 진정한 자유의 기쁨을 알게 된다. 항상 자유롭게 살아온 사람은 자유의 가치를 모른다. 구속의 아픔을 겪어야만 자유의 소중함을 알게 된다. 구속도 자유라고 생각하면 그건 아름다운 구속이다. 상대의 무언의 통제가 구속으로 느껴지지 않고 기쁘고 자유롭게 느껴질 때 그것이 사랑이다.

마음을 열어야 우리가 스치는 것들, 스치는 사람들, 우리가 바라보는 사람들이 우리에게 의미 있는 존재로 다가온다. 이 사막, 우리가 살고 있는 이 사막, 사람들은 많지만 친구가 없는, 사람들은 많지만 이웃이 없는 사막이다. 사람들 모두를 그냥 뜨거운 바람에 날리는 모래알처럼 취급하는 인간성 상실의 사막에 우리는 살고 있다. 이 사막을 풍요로운 대지로 바꾸려면 마음을 열고, 보이지 않는 것을 보다 더 중요하게 여겨야 한다.

생텍쥐페리는 《어린 왕자》를 집필할 당시에 망명지인 미국 뉴욕의 센트럴파크 남쪽 신축 아파트 21층에 살고 있었다. 그는 그곳에서 잃어버린 고향, 잃어버린 조국, 너무나 사랑하지만 갈 수 없는 그곳, 보고 싶어도 만날 수 없는 이들을 그리며 그 높은 곳에서 먼 하늘을 바라보았다.

앞집에 누가 사는지도 모르고, 아래층에 누가 사는지 모르며, 알 필요를 느끼지도 않는 곳, 진정 매일 스쳐 지나는 사람이라도 아무런 의미가 없는, 나와는 아무런 관계가 없는 사람들이다. 멀리 바라보며 누군가의 정겨운 이름을 외쳐보아도 대답하는 이는 아무도 없다. 어린 왕자가 산 위에서 부르는 외침과 마찬가지로.

내가 알지 못하면, 나와 관련이 없으면 주위에 있는 존재들은 무의미하다. 그렇게 높이 솟아 있지만 내가 말을 걸 수 있는 사람이 없고, 나와 관계를 맺음이 아무것도 없는, 길들인 사람 아무도 없는 그곳이 진정 지금, 현대라는 사막이다.

성서에 나오는 바벨탑이 끝내 완성을 보지 못한 이유는 서로 간에 의사소통이 되지 않았기 때문이다. 하나님만큼이나 높아져보려는 인간들을 밉게 보신 하나님은 그들의 언어를 혼동시켜서 위아래가 서로 소통되지 않게 만들었다. 그래서 결국 바벨탑의 역사는 중단되었다.

이제 또 하나의 생텍쥐페리인 어린 왕자는 사막에서 뾰족한 산 위로 올라간다. 일반적으로 사막에는 이렇게 뾰족한 돌투성이 산이 존재하지 않는다. 하지만 이 역시 생텍쥐페리의 경험의 산물이다. 사막의 어느 지대에는 원추형으로 높이 솟은 고원 같은 곳이 있는데, 높이가 300미터나 되기 때문에 마치 사막 한가운데 우뚝 솟은 느낌을 주기도 한다. 그곳은 상당히 넓지만 어느 방향으로 가든 끝까지 가보면 한결같이 아주 드높은 낭떠러지로 되어 있다. 수많은 조개껍질들이 모인 엄청나게 큰 원추형의 기둥이라고나 할까. 생텍쥐페리는 그것을 뾰족산으로 변형시킨다. 그러나 아무도 살지 않는 고립무원의 지대이다. 그 사막을 경험한 생텍쥐페리는 그것을 현대 사회에 대입한다.

바벨탑, 아파트, 뾰족산, 이들 셋은 높다는 공통점과 사람이 없는, 설령 사람이 살고 있다고 하더라도 서로 간에 의사소통이 없다는 공통점이 있다. 우리는 모두 이러한 현대라는 사막에서 높은 곳으로만 오르려하고 있다.

산꼭대기에 올라간 어린 왕자를 찾아가보자. 어린 왕자는 그 높고 황량하고 뾰족한 돌투성이 산 위에 올랐다. 멀리 보아도 어린 왕자와 익숙해지고 길들여진 것은 아무것도 없다. 그야말로 사막 한가운데 우뚝 솟은 산일 뿐이다. 어린 왕자는 아마도 사람이, 사랑하는 장미가, 두고 온 별이 걱정되고 그리웠을 것이다. 어린 왕자는 이제 소리 내어 불러본다. 그러나 그 대답은 실체가 없이 되돌아오는 메아리뿐이다.

그 산꼭대기에서 잃어버린 자신의 나라를 굽어보고 있을 어린 왕자, 그 어린 왕자를 생각하면 미국에 망명중인 생텍쥐페리의 모습이 오버랩된다. 그는 높은 곳에서 고국을 그리며 살고, 어린 왕자는 자신의 소중한 장미 한 송이가 그리워 산에 올랐다. 어린 왕자는 작가 자신이고, 작가는 어린 왕자 속에 들어가 있다. 아파트는 작가의 사막이고, 뾰족한 산은 어린 왕자의 사막이다. 그것도 쓸쓸하고 삭막한 사막이다.

어린 왕자는 높은 산에 올랐어요. 어린 왕자가 알고 있던 산이라곤 고작 어린 왕자의 무릎 정도밖에 안 되는 화산 세 개가 전부였어요. 그는 그중에서 불 꺼진 화산을 의자로 사용했어요. 그래서 그는 '이렇게 높은 산에서라면 이 별 전체와 모든 사람을 한눈에 알아볼 수 있겠어…….' 라고 생각한 거예요.

그러나 그는 바늘처럼 뾰족한 바위 꼭대기 외에는 아무것도 볼 수 없었어요.

"안녕."

어쨌든 어린 왕자가 정중하게 인사했어요.

"안녕…… 안녕……안녕……."

메아리가 대답했어요.

"너희들은 누구니?"

어린 왕자가 물었어요.

"너희들은 누구니…… 너희들은 누구니…… 너희들은……."

메아리가 대답했어요.

어린 왕자는 그래서 산을 이상한 별이라고 생각한다. 산은 사람들의 부름이나 물음에도 흉내만 내고 있을 뿐이다. 소리는 있지만 의미가 없는 공허, 대답은 하지만 내 말에 대한 반복일 뿐인 아무 소용없는 언어만 있는 곳이니 사막이다.

메아리란 소리는 있지만 실제로 존재하지 않는 것이다. 진정 살아 있는 존재가 되기 위해서는 사람이 필요하다. 사람들의 외침이 필요하다. 그것도 한 사람만의 외침이 아니라 내가 여기서 외치면 저기서 다른, 나와는 다른 외침을 울려주는 사람들이 필요하다.

어린 왕자는 산에 오르기를 통해 우리에게 삶이란 혼자 사는 것이 아니라, 더불어 살아야 하는 것임을 가르쳐준다. 진정 우리가 사는 곳이 사막과 같이 되지 않으려면 서로가 좋은 관계 맺기를 해야만 한다. 나와 관계를 맺음이 없는 이들은 나에게서 기억할 가치가 없는 사람들이다. 그들은 나와 관계를 맺음으로 의미를 갖고 나에게 살아 있는 존재로 다가선다. 사막과 같이 공허한 이 세상에서 우리가 따뜻하게 살 수 있는 비결은 서로의 마음을 열고 좋은 관계를 맺어, 삶의 얘기와 미래의 꿈과 각양각색의 모습을 나누며 손잡고 살아가는 일이다.

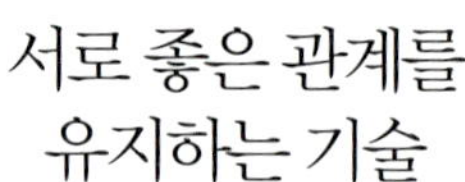

서로 좋은 관계를 유지하는 기술

우리는 살아가면서 수많은 사람들과 이런저런 모양으로 관계를 맺고 살아간다. 매일 전철역에서 마주치면서도 말 한마디 건네 보지 않고, 그럴 필요도 없이 스쳐가는 사람들이 참 많다. 우리의 관계는 서로가 동일한 곳에서 일을 하게 되거나 우연히 무엇인가를 함께할 기회가 있을 때라야 의미를 갖고, 그 필요를 느끼게 된다.

그러다가 우연한 기회에 처음 만나는 사람임에도 불구하고 깊이 있는 인간관계를 맺기도 한다. 매일을 스쳐 지나도 의미 없는 사람이 있는가 하면, 어쩌다 정말로 오랜만에 만나도 의미 있는 사람이 있다. 그러므로 만남은 횟수가 중요한 것이 아니라 어떻게 만났느냐, 어디에서 만났느냐, 어떤 목적으로 만났느냐가 중요하다. 이러한 인간관계의 확대는 내 영역의 확대를 의미한다.

사막에서 비행기 고장이 일어난 지 여드레째 되는 날이었어요. 나는 저장해 놓은 물의 마지막 한 방울을 마시면서 장사꾼 이야기를 들었지요.

나는 어린 왕자에게 말했어요.

"아! 너의 그 추억들은 정말 아름다워. 하지만 난 비행기를 아직도 고치지 못했고, 이제 마실 물도 없어. 천천히 샘터로 걸어갈 수만 있다면 정말 행복할 거야!"

사람은 누구나 다 같은 존재인데도 실상 관계를 맺고 교제하며 사는 사람들은 따로 있다. 물론 새로 알아가면서 만남의 장을 넓혀가기도 한다. 그러면서 자주 만나야 할 사람, 만나선 안 될 사람, 만나면 해가 되는 사람, 만나면 득이 되는 사람, 다양한 사람들을 구분한다. 때론 이 세상 모두와 재미있게 관계를 맺으며 살고 싶기도 하다. 어쨌든 서로의 마음을 이해하며 마음을 나눌 수 있는 사람은 행복하다. 이 세상에 있는 모든 것은 사람이 있어야 의미를 갖는다. 그러니까 사람이 그 무엇보다도 소중하다.

"설령 죽는다 해도 친구를 갖게 된다면 좋은 일이에요. 난, 난 말예요, 내 친구 여우를 가진 게 참 기뻐요……."

'이 꼬마는 위험이 어떤 건지 몰라. 배고픔도 목마름도 알 리가 없어. 그에겐 햇빛만 조금 있으면 충분할 테니까……' 하고 나는 중얼거렸어요.

그러나 어린 왕자는 나를 바라보더니 내 생각에 대답하듯 말했어요.

"나도 목이 말라요…… 우물을 찾으러 가요……."

이제까지 어린 왕자는 목마르다는 말도, 배고프다는 말도 없었다. 어린 왕자가 목이 마르다고 말하게 된 배경에는 그가 찾아왔던 지구와의 이별의 시간이 다가왔음을 암시한다. 물이라는 것은 우리의 생명과 아주 밀접한 관계에 있기 때문이다. 물이 없다는 것은 인간이 살 수 없다는 것을 의미하며, 물이 없다면 그 땅은 생명체가 살 수 없다는 것을 의미한다. 그래서 이제는 어린 왕자와의 이별을 준비해야 한다. 그 이별이 아름다울 수 있도록.

나는 피곤하다는 몸짓을 했어요. 왜냐하면 이 거대한 사막에서 물을 찾는다는 건 말도 안 되는 짓이니까요. 그렇지만 우리는 걷기 시작했어요.

우리가 말없이 몇 시간 동안 걸었을 때 어둠이 깔리고 별이 빛나기 시작했어요. 나는 목이 말라서 좀 열에 들떠 꿈결인 듯 그 별들을 올려다보았어요. 어린 왕자의 말이 내 기억 속에서 춤을 추었어요.

어린 왕자는 아름다움을 알고 있다. 사막이 아름다운 이유를 말이다. 그건 사막에 숨겨져 있는 우물 때문이다. 또 다른 아름다움은 별이다. 별

"나도 목이 말라요……

우물을 찾으러 가요……"

이 아름다운 건, 보이지 않는 꽃이 있기 때문이다. 그래서 어린 왕자는 자기 별로 돌아가려는 마음을 품는다. 자기의 꽃을 찾아서 말이다.

《어린 왕자》의 작가는 자신의 감정을 어린 왕자에게 집어넣고 있다. 조국을 떠나 망명지에 있는 작가는 외롭기도 하고 조국이 그리웠을 것이다. 어쩌면 조국 프랑스로 돌아가 아내와 재회하고 싶은 마음이 들었을 것이다. 이제는 여행을 통해 좋은 만남, 그리고 좋은 인간관계 유지의 지혜를 터득했으니까.

어린 왕자는 자신의 별로 돌아가 사랑하는 자신의 꽃 장미를 만나면 되고, 작가는 고향으로 돌아가 사랑하는 아내와 재회하면 된다. 아마도 둘 다 그럴 준비가 되어 있는 것 같다. 여성의 특성인 사치, 오만, 질투를 받아들여줄 마음의 준비를 갖추었으니 명분이니 자존심이니 그런 따위는 이미 중요하지 않다. 사랑에는 명분, 자존심, 굴욕감, 열등감이 들어갈 틈이 없다. 사랑은 그저 마음 가는 대로 따르는 것이다.

"그럼 너도 목이 마르단 말이니?"

나는 그에게 물어보았어요.

그러나 어린 왕자는 내 물음에 대답하지 않았어요. 그는 단지 이렇게 말할 뿐이었어요.

"물은 마음에도 좋은 거예요……."

그의 대답을 알아들을 순 없지만 난 아무 말도 하지 않았어요……. 그에게 그걸 물어서는 안 된다는 걸 잘 알고 있었거든요.

그는 피곤해했어요. 그는 주저앉았고 나도 그의 곁에 앉았어요. 그는 잠시 말이 없더니 다시 이렇게 말했어요.

물, 물은 곧 생명이다. 물은 생명의 다른 이름이다. 예수가 십자가상에서 '목마르다' 고 했던 것처럼 물은 생명을 상징한다. 평소에는 전혀 물이야기를 한 적이 없던 어린 왕자의 이 말은 예수처럼 오래지 않아 죽을 것임을 예고한다.

물은 처음에 밑에서 솟아올라 온다. 그리고 그냥 놔두면 높은 곳에서 낮은 곳으로 흐른다. 흐르다가 웅덩이를 채워주고 또 흘러간다. 물은 순리에 따라 흐르는 유연성을 갖고 있다. 그릇에 담으면 그 그릇이 어떻게 생겼든지 그릇과 똑같은 모습이 된다. 색깔 있는 그릇에 담으면 그 색깔을 그대로 닮는다. 그뿐 아니라 물에다 뭘 섞든지 그대로 변한다. 그래서 우리는 날마다 물을 그리워한다.

우리는 어린 왕자를 통해 좋은 만남을 갖는 방법, 그리고 그 관계를 잘 유지하는 방법을 배운다. 우리에게 주어진 사랑을 잘 유지하는 방법은 물과 닮은 성격으로 바꾸어 가는 것이다. 그 유연성을 배워서 사람을 대하되 유연하게 접근해야 한다. 좋은 만남을 갖는 것도 중요하지만 그 좋은 만남을 좋은 관계로 유지하는 것이 더 중요하다.

보이지 않는 것을 볼 수 있는 마음의 눈뜨기

사람에 대한 우리들의 태도는 상대가 누구인가에 따라 달라진다. 내가 보기에 아름답다고 여겨지는 사람, 그래서 나의 사람으로 만들고 싶은 사람이 있다. 그를 가리켜 나의 이상형이라고 한다. 나의 사람으로 만들고 싶은 사람이 있고, 나의 사람으로 만들 수 없어도 바라만 보는 것만으로 좋은 아름다운 사람이 있다. 그런 판단은 그 내면을 기준으로 하는 것이 아니라 바라봄으로써 느껴지는 생각에 한정된다. 우리는 상대의 내면을 들여다볼 수 없기 때문이다.

아름다움에 대해 생각해 본다. 우리는 아름답다는 말을 많이 쓴다. '아름답다' 는 말은 '알음+답다' 가 어원이다. 그렇다면 아름답다는 말은 '뭔가를 정통하게 알고 있다' 는 의미다. 남자들은 예쁜 여자들을 보면 아름답다고들 한다. 여자들은 꽃을 아름답다고 한다. 하지만 아름답다는 것에 절대적인 기준은 없다. 나름대로의 환경이나 취향에 따라 달라진다. 어렸을 때 느꼈던 아름다움과 나이 들어 느끼는 아름다움은 또 다르게 마련이다.

"별은 아름다워요. 누군가 보지 못한 꽃 한 송이 때문에 그런 거예요……."
"아마 그럴 거야."
나는 그렇게 대답하고 달빛 아래 주름진 모래사장을 말없이 바라보았어요.

내게 특별한 그 무엇이 되었다는 그 자체가 내게 진한 의미를 가져다준다. 아무런 추억도 가져다주지 않는 아름다움은 내게 의미가 없다. 나를 채워주는 것은 그 무엇과 나의 관계에서 비롯된다. 나는 그 무엇과 관계를 맺음으로써 의미를 부여한다. 그대가 아름다운 것은, 그대가 의미있는 건 그대가 나의 사랑이며, 가족이며, 친구이기 때문이다. 그로 인해 그대가 있는 곳은 어디나 아름답다. 그 무엇이 아름답게 하는 것이 아니라 그대가 있음으로 아름답다.

사막, 지나다니는 사람도 없고, 풀도 나무도 없는 곳! 기껏해야 뜨거운 햇빛, 그리고 모래바람, 얼마나 삭막한 곳인가! 그래도 어린 왕자는 사막이 아름답다고 한다. 사막 어딘가에 우물이 숨겨져 있기 때문이란다. 지금 보이지는 않지만 어딘가에 있을 그 무엇이 있어서 우리는 그 대상을 아름답게 여긴다. 여인이 아름답게 여겨지는 건 지금 내가 볼 수 없는 그 무언가를 감추고 있기 때문이다. 오래된 집이 아름다운 건 지금 보이지는 않지만 분명 무언가를 감추고 있을 듯해서이다. 꿈이 아름다운 건 현실에서 만날 수 없기 때문이다. 우리의 눈에 보이지 않는 것들, 그것들은 보이는 순간에는 추한 것으로 드러날지도 모른다. 하지만 그것들은 보이지 않기 때문에 아름답다. '아름답다' 는 것은 뭔가를 감추고 있기 때문이다. 결국 '아름다운 것은 눈에 보이지 않는다' 로 귀결된다.

"사막이 아름다워요."
그가 덧붙여 말했어요.
그 말은 사실이에요. 나도 늘 사막을 사랑했어요. 모래언덕 위에 앉으면 아무것도 보이지 않고 아무 소리도 들리지 않지요. 그렇지만 무언가 조용한 가운데 빛나는 것이 있었어요…….
"사막이 아름다운 건, 사막이 어디엔가 우물을 감추고 있어서예요……."

그가 우리에게 가르쳐주고 싶은 사랑은 보이지 않는 것에 대한 사랑이다. 그 보이지 않는 것은 존재하지 않는 것이 아니라 존재하는 것이다. 하지만 존재하지 않는 것을 볼 수 있는 사람은 진정한 사랑을 아는 사람이며, 꿈이 있고 희망이 있는 사람이다. 열사의 사막, 어디에도 물이라곤 없을 것 같지만 그곳에서도 간절히 원하는 사람은 오아시스를 찾을 수 있다. 오아시스, 그것은 목마른 사람에겐 그의 사랑이며 꿈이며 희망이다.

그 샘을 간절히 사모하면 그렇게 사랑하면 오아시스는 현실이 되어 다가온다. 존재하지 않는 것 같지만 사랑하면 상대의 마음도 보이고, 이웃의 아픔도 보인다. 사랑하면 많은 것을 볼 수가 있다. 그냥 보아서 아름다운 건 진정한 아름다움이 아니다. 마음으로 보는 것, 사랑으로 보아서 아름다운 것이 진정한 아름다움이며 진정한 사랑이다.

피상적으로만 사랑하려는 우리의 얄팍한 생각 때문에 오해가 생기고 미움이 생긴다. 진정으로 사랑하지 않으면 이웃의 아픔, 이웃의 고통, 그 무엇도 느낄 수 없으며 보이지도 않는다. 그래서 사랑은 상대에게 관심을 갖는 것이며 상대의 모두를 공유하는 것이다. 사랑은 상대를 진정으로 들여다보는 것이다.

사람이 아름다운 건 결국 보이지 않는 뭔가를 감추고 있기 때문이다. 사람의 외모보다 그 사람 어딘가에 감춰져 있는 아름다운 마음, 누군가를 기다리고, 누군가를 도와주고, 세상을 아름답게 가꿔가려는 갸륵하고도 아름다운 사랑의 마음이 있기 때문이다. 진정 아름다운 사람은 외모가 아름다운 사람이 아니라 마음이 아름다운 사람이다. 외모는 나이 들면 서서히 시들고 추해지지만 인류를 향한 숭고한 마음은 오래 오래 변함이 없다. 그래서 마음이 정의로운 사람이 아름답다.

또한 자신의 모든 것을 드러내는 것이 아니라 적당히 감추어진 무언가를 가지고 있을 때 우리는 아름답다. 아름다운 것은 눈에 보이지 않는다.

사랑의 눈으로 상대를 바라보기

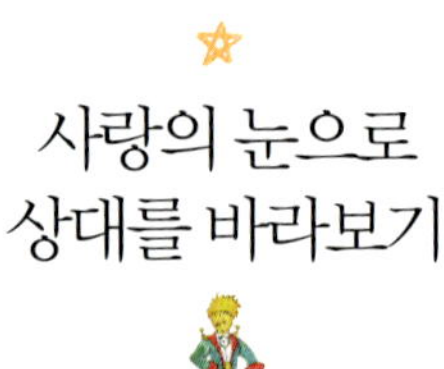

어린 왕자! 어린 왕자는 우리 이전에 살았던 이들, 지금 우리와 함께 살아가는 이들에게 사랑의 아름다움을 일깨운다. 우리 이후에 이 지구를 메워갈 우리 후배들에게도 그 사랑을 전해야 한다. 어린 왕자가 이야기하는 사랑이 그렇게도 오래도록 아름답게 느껴지는 건 우리가 흔하게 볼 수 있는 피상적인 사랑이 아니라 마음으로 만들어내는 사랑이기 때문이다.

이 지구 위에 그보다 더 부서지기 쉬운 존재는 없을 것 같은 느낌마저 들었어요. 나는 달빛 아래 그 창백한 이마, 그 감긴 눈, 바람에 흩날리는 그의 머리칼을 바라보았어요. 그리고 나는 이렇게 중얼거렸어요. '내가 여기 보고 있는 존재는 조개껍데기에 지나지 않을 거야. 가장 중요한 것은 보이지 않으니까…….'

어린 왕자의 반쯤 벌린 입술에 어렴풋이 미소가 떠올랐어요.

'잠든 어린 왕자가 나를 이렇듯 감동하게 만드는 것은, 한 송이 꽃에 바치는 그의 성실한 마음 때문이야. 비록 잠이 들었다 해도 등불처럼 그의 가슴속에 밝게 빛나는 한 송이 장미꽃의 영상이 있기 때문이야……'

그러자 나는 그가 더욱 부서지기 쉬운 존재임을 알 수 있었어요. '등불을 잘 지켜야만 해. 한 줄기 바람이 불어와 꺼뜨릴 수도 있으니까……'

누군가를 사랑하면 그가 염려스러워진다. 만지면 부서질 것 같고, 걷다가 넘어질 것도 같고, 갑자기 아파서 내 앞에서 사라져버릴 것 같다. 사랑하게 되는 순간 우리는 상대를 염려하며 아껴주게 된다. 그래서 무엇이든 배려해준다. 하지만 사랑하는 그 순간부터 사랑은 깨지기 시작하기도 한다. 사랑은 실체가 없기 때문에 우리는 거품마저 사랑으로 느낀다. 그래서 사랑 때문에 괴로움을 겪고 속았다는 감정을 갖기도 한다. 우리는 사랑을 하기도 하고 이별을 하기도 한다. 이별이 예견되는 사랑은 더 애절하고, 조심스럽고, 깨질 듯이 애련하다.

그 뭔가를 향한 성실한 마음은 사랑이 아니면 불가능하다. 무엇인가를 사랑하는 순간부터 우리는 열과 성을 다한다. 사랑은 잘 관리해야 한다. 사랑이 물거품이라면 거품이 꺼지지 않도록 적절한 환경을 조성해주는 성실함이 있어야 하고, 사랑이 등불이라면 등불이 꺼지지 않도록 기름을 적절하게 지속적으로 공급해야 하고, 바람이 불면 그 바람을 막아주어야 한다.

사랑은 시작한 것으로 완성되는 것이 아니며 타오르는 단계에 이르렀다고 해서 완성된 것이 아니다. 우리의 삶이 늘 미완이듯이 사랑 또한 늘 미완인 진행형이다. 그러므로 사랑은 소홀하거나 방치해서도 안 되며, 늘 관리해야 한다.

어린 왕자는 우리에게 사랑이란 피상적으로 그 대상을 정하는 것이 아님을, 그리고 시작된 사랑을 위해 성실하게 정성을 다해야 하는 것임을 가르쳐준다. 피상적인 것은 안이 없으면 쓸모없는 껍데기에 불과하다. 지금 타고 있는 저 등불도 그냥 내버려두면 기름이 다하거나 바람이 불어 꺼져버리고 만다. 사랑도 그와 같다.

열사의 사막처럼 삭막하기만한 인간의 마음을 풍요롭게 하는 건 사랑밖에 없다. 사랑이야말로 닫힌 마음을 열어 사막과도 같은 이 세상을 소중한 사람들로 넘쳐나게 하고 열림의 세계를 가져다주는 생명수이다. 사랑을 하면 죽은 듯하던 사물들의 노래가 들려온다. 사랑하면 상대의 가슴에 울려퍼지는 사랑의 노래가 들려온다. 사랑은 죽어 있는 것들을 살아나게 하는 힘이 있다. 사물이 드디어 생명을 가진 존재로 느껴질 때, 그 사물은 내 마음의 시가 되고 노래가 된다. 사랑은 이 삭막한 인간의 사막에 노래를 주고, 시를 주고, 생명을 부여한다.

같은 물이라도 누구와 함께 마시느냐에 따라 다른 의미로 다가오는 것은 마음에 싹트는 사랑 때문이다. 그 무엇이든 사랑하는 사람과 함께 있으면 모든 것이 아름다움으로 변한다. 사랑은 그 무엇이든 가치 있게 만든다. 모두가 비슷한 사람처럼 보이지만 사랑은 그중의 누군가를 특별한 존재로 만든다. 세상의 많은 우물들은 별다른 의미를 갖지 못하고, 그냥 평범하게 인식되어 우리 기억에 머물지 않듯이 사랑이 깃들지 않은 모든 것은 평범한 모래알로만 인식될 뿐이다. 하지만 거의 볼 수 없는 사막의 샘, 그 오아시스는 세상 어떤 우물보다도 소중하고 아름답다. 인간의 사막에서 그 무엇인가를 특별한 것으로 만들어주는 우리 마음에 싹트는 사랑, 그 사랑으로 삭막한 이 세상에도 소중한 샘과 같은 삶의 윤활유가 생겨난다. 우리는 오늘도 삶의 오아시스를 그리워하며 산다.

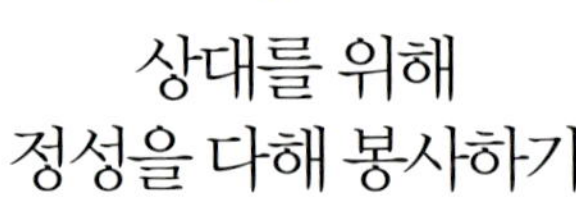

상대를 위해 정성을 다해 봉사하기

사랑은 모든 것을 노래로 만들어준다. 하찮은 숨소리, 그 흔한 바람소리, 여기저기 부대끼는 파열음마저도, 심지어 심하게 코고는 소리마저도 사랑은 아름다운 노래로 바꾸어주는 힘이 있다. 진정한 사랑의 노래는 사람이 인위적으로 만드는 것이 아니라 이미 마음으로 느끼는 것이다. 세상 모든 것이 노래가 되어 들려올 때 나는 그대를 사랑하고 있는 것이며, 그대는 나를 위해 세상 모두를 노래로 바꾸어주는 것이다.

어린 왕자는 웃으며 줄을 만지고 도르래를 잡아당겼어요. 그러자 바람이 오랫동안 자고 났을 때 낡은 바람개비가 삐걱거리듯 도르래가 삐걱거렸어요.

"아저씨 들리지요. 우리가 우물을 깨웠더니 우물이 노래를 부르잖아요……."

대부분의 사람들, 아니 누구나 힘겨운 일을 좋아하는 사람은 없다. 하지만 그 어려운 일이라도 사랑하는 사람을 위한 일이라면 그 일이 싫고 힘이 들기는커녕 무척이나 신나고 즐겁고 기쁨 그 자체가 된다. 똑같은 조건, 똑같은 상황에서 똑같은 일을 해도 누구를 위해서 또는 무엇을 위해서 하느냐에 따라 그 일의 가치와 힘듦이 달라지는 것은 보이지 않는 그 무엇, 즉 각자가 마음의 지배를 받고 있기 때문이다. 중요한 것은 눈에 보이지 않는다.

> 나는 천천히 두레박을 우물가 돌까지 당겨서 넘어지지 않게 올려놓았어요. 나의 귓전에서는 도르래의 노래가 계속되었고, 나는 출렁거리는 물속에서 해가 일렁거리는 것을 보았어요.
> "이 물이 마시고 싶어요. 물을 좀 줘요……."
> 그가 말했어요.

기관사는 사막에서 일주일을 보내고 여드레째를 맞는다. 더 이상 물을 찾지 못하면 생명을 잃을 수밖에 없는 마지막 기한인 셈이다. 일주일치의 물을 다 마시고 난 후라 물통에는 물이 한 방울도 남지 않았다. 몸의 대부분이 물로 이루어진 인간은 물을 마시지 않고는 살 수가 없다. 몸이 물의 부족함을 느낄 때 몸은 곧바로 반응을 시작한다. 갈증이 시작되는 것이다. 우리는 살아가면서 많은 갈증을 체험한다. 지식에 대한 갈증도 있고, 사랑에 대한 갈증, 사람에 대한 갈증, 온갖 갈증들이다. 인간은 비운 만큼 채우며 살도록 되어 있는 존재들인 까닭이다.

어린 왕자와 조종사, 두 사람이 우물을 찾아 출발한 때는 저녁이었다. 물론 낮엔 모래가 무척이나 뜨거웠다. 하지만 이제는 어느덧 해가 지는 시각이다. 물을 향한 간절함은 본능적으로 우물로 향하게 하는 신념으로 자리를 잡는다.

나는 그가 무엇을 찾는지 알았어요.

나는 두레박을 그의 입술까지 들어 올려주었어요. 그는 눈을 감고 마셨어요. 어떤 특별한 축제에서나 맛볼 수 있는 달콤한 기쁨이었어요. 그 물은 보통 물과는 다른 것이었어요. 별빛을 받으며 걸어와 도르래의 노래를 들으며 내 팔에 힘을 들여 얻은 것이었으니까요. 그 물은 선물처럼 마음에 좋은 것이었어요. 내가 어린아이였을 때에 받은 크리스마스 선물이 환하게 빛나는 것도, 크리스마스트리의 불빛, 자정 미사의 음악, 다정한 미소들이 있었기 때문이듯 말예요.

평소에는 물의 소중함을 알지 못한다. 하지만 며칠씩이나 목마름을 견디고도 운이 좋아야 발견할 수 있는 사막에서의 물은 무엇과도 견줄 수 없는 참으로 맛있는 물이며, 향기 있고 꿈이 담겨 있는 물이다. 아무 곳에서나 발견할 수 없고 많은 노력과 고통 뒤에 얻어지는 물이기에 그 물은 진정 아름다운 노래이며 꿈이 된다.

소중한 것은 우리가 간절히 원할 때 나타난다. 평소에는 평범하게 느꼈던 것들도 우리가 간절히 원하는 순간에는 아주 특별한 것들로 다가온다. 그러니 간절히 원하는 것들이 생기는 조건을 만들면서 살면 우리의 사랑에 훨씬 생기가 돌 것이다.

아무리 똑같은 음식이라도 어떤 상황에서 만나느냐에 따라 음식 맛은 색다른 것이다. 사람과 사람의 만남도 마찬가지로 어떤 상황, 어떤 분위기에서 만나느냐에 따라 만남에 대한 느낌이 달라진다. 그래서 사람들은 분위기를 찾고, 사람을 가려서 만난다.

사랑하는 사이에서도 어느 상황에서는 상대가 무척 아름다워 보이지만, 어떤 상황에서는 그저 그렇게 평범해 보인다. 그래서 사랑을 고백하는 장소도 중요하고 분위기도 중요하다. 때로는 분위기가 인간의 만남을 성사시키기도 하고, 실패로 돌리기도 한다. 무엇이든 아름답게 만들고 소중하게 만드는 것은 그것 자체로서가 아니라 상황이 그렇게 만든다. 거기에 애정을 쏟아부은 만큼 그 무엇인가는 더 소중한 것으로 다가온다.

물이 아름다운 것은 그만큼 그 물을 열망할 때 주어지는 대가이다. 보통의 물이 특별한 물로 다가오는 것은 내가 그만큼 그 물을 원했으며, 더군다나 사랑의 손길에 의해 길어진 물이기 때문이다. 사랑하는 사람과 함께 마시는 물처럼 맛있는 물도 없다. 열망했던 것을 나누어 마신다는 것, 거기에 공동의 수고가 들어있다는 것, 그것이 생을 노래로 바꾸어주고 축제로 바꾸어준다. 결국 물을 찾아가는 여성을 통해 축제에 담긴 의미는 물의 신성함에 바치는 제의이며 사랑의 완성을 향한 의식, 즉 통과의례이다.

우리가 살아가는 존재이유와 살아 있음의 원동력은 고결한 사랑이다. 요컨대 삶은 사랑이며, 신은 그 자체가 사랑이다. 사랑이란 인간의 완성이기도 하다. 상대에 대한 열정이 있는 한 가까이 가려는 노력이 있어야 하며, 그 노력을 통해 서로에게 익숙해지는 연습을 해야 한다. 그렇게 길들여짐으로써 서로가 서로에게 온순해지는 것이 사랑을 향한 과정이다. 그러한 절차를 거치고 나면 서로는 서로에게 특별한 관계로 자리맺음 한다. 그렇게 길들여짐으로 인해, 설령 서로가 공간적으로 멀어진다 해도 심리적으로는 늘 함께한다. 어쩌다가 이별하는 순간이 와도, 때로 잊고 살 수는 있어도 유사한 상황이나 비슷한 분위기, 그때의 수고, 그때의 노래를 다시 듣게 되는 순간 다시 그 사랑을 기억한다. 그렇게 기억을 통해 추억하게 하는 요소들은 바로 상징으로 자리한다. 사랑이란 이렇게 상징을 만들어내는 과정을 거친다.

둘이 만나 행복한 삶을 만들기

행복은 보이지도 않고, 만져지지도 않고, 그냥 느껴지는 것이다. 그런데도 우리는 행복을 찾으러 다니고 요행을, 행운을 기대하며 사는 날들이 많다. 독일 시인 카를 부세Karl Busse는 행복에 대해서 이렇게 노래한다.

산 너머 저쪽 하늘 멀리
행복이 있다고 말들 하지만
아, 남 따라 행복을 찾아갔다가
눈물만 머금고 돌아왔다오.
산 너머 저쪽 하늘 저 멀리
행복이 있다고 말들 하지만

행복이란 보이는 것이 아니라 우리 가슴속 어딘가에 몰래 숨겨놓은 신의 선물이다. 처세에 능한 사람이 그 선물을 찾아내는 것이 아니라, 그 선물은 어린아이처럼 자기 순수를 간직한 사람들의 몫이다. 그저 먼 곳을 헤매며 찾는 것이 아니라 채우면 채운 만큼 비워야 한다는 순리에 충실한 이들의 몫으로 숨겨져 있다.

"아저씨네 별 사람들은 정원 하나에 장미를 오천 송이나 가꾸죠. 그러고도 거기서 자기들이 구하는 걸 찾지 못해요……."

어린 왕자가 말했어요.

"그래, 찾지 못하고 있지."

"하지만 그것은 장미꽃 한 송이, 또는 물 한 모금에서도 찾을 수 있는데……."

"물론이야."

그러자 어린 왕자는 이렇게 덧붙였어요.

"하지만 눈으로는 보지 못해요. 마음으로 보아야만 해요."

나는 물을 마셨어요. 숨이 한결 가뿐해졌어요. 동 틀 무렵이면 사막은 꿀과 같은 색이에요. 이 꿀 색이 나를 행복하게 했어요. 그런데 내가 근심할 까닭이 무엇이 있겠어요?

행복은 멀리에 있지 않고, 그렇다고 가까이에 있지도 않다. 행복은 우리의 마음속에 있을 뿐이다. 뭔가 많이 가진다고 행복해지는 것도 아니다. 많으면 많을수록 그중에서 선택해야 하는 갈등이 있게 마련이다. 마치 "Much coin, Much care(돈이 많으면 걱정도 많다)"라는 속담처럼 말이다. 행복은 자신이 가지고 있는 작은 것 하나라도 소중히 여기는 마음, 그것을 사랑하는 마음이 있으면 이미 그 마음에 깃든다.

우리의 행복은 장미꽃 한 송이에, 영롱한 아침이슬 한 방울에 있을 수도 있다. 별 관심이 없는 사람이 안겨주는 장미꽃 한 다발은 큰 기쁨이 아니지만 진실로 좋아하는 사람이 건네주는 꽃 한 송이는 이름 없는 들꽃이어도 아주 행복하다.

행복은 우리 마음속에 숨어 있다. 우리가 마음의 문을 열고 긍정적인 생각만 가진다면 행복은 우리에게 선물로 주어진다. 우리에게 진정한 사랑이 있을 때 이미 근심 걱정은 사라지고, 세상 모든 것들의 색깔이 달라지고 사람들의 모습도 아름다워 보인다. 그때 행복은 우리를 향해 다가와 아름다운 노래를 불러줄 것이다.

진정으로 사랑하는 사람, 그 한 사람만 있으면 우리는 행복할 수 있다. 그 상대는 저절로 만들어지는 것이 아니라 약속이라는, 의례라는, 추억이라는, 상징이라는, 정성이라는 수고와 노력이 동반된 만남으로 이룰 수 있다.

PART 4

아름답게 이별하는 기술

어린 왕자가 잠이 들었기 때문에 나는 그를 팔로 감싸 안고 다시 길을 걸었어요. 가슴이 뭉클해졌어요. 부서지기 쉬운 보물을 안고 가는 것 같았죠. 이 지구 위에 그보다 더 부서지기 쉬운 존재는 없을 것 같은 느낌마저 들었어요. 나는 달빛 아래 그 창백한 이마, 그 감긴 눈, 바람에 흩날리는 그 머리칼을 바라보았어요. 그리고 생각했어요. '내가 보고 있는 것은 껍질에 지나지 않을 거야. 가장 중요한 것은 보이지 않을 거야……'

어린 왕자의 반쯤 벌린 입술에 어렴풋한 미소가 떠올랐을 때 나는 또 생각했어요.

'잠든 어린 왕자가 나를 이렇듯 감동하게 만드는 것은, 한 송이 꽃에 바치는 그의 성실한 마음 때문이야. 비록 잠이 들었을 때에도 등불처럼 그의 가슴속에 밝게 빛나는 한 송이 장미꽃의 영상이 있기 때문이야……'

그러자 나는 그가 더욱 더 부서지기 쉬운 존재임을 알 수 있었어요. '등불을 잘 지켜야만 해. 한 줄기 바람이 불어와 꺼트릴 수도 있으니까……'

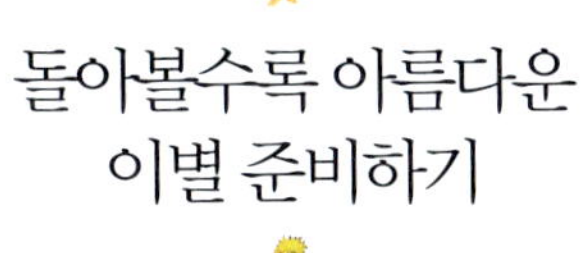

돌아볼수록 아름다운 이별 준비하기

무엇이든 우리에게 영원한 것은 없다. 우리 삶 자체가 유한한 까닭이다. 우리가 영원이라고 믿었던 그 모든 것들도 내가 떠나는 순간 함께 떠난다. 내 안에 있는 세계만이 나의 세계일 뿐이다. 그 이상은 나의 세계를 벗어난 세계이다. 사람은 누구나 여기 살다가 다른 세상으로 떠난다. 그 자연의 법칙에서 벗어날 수는 없다. 그런 모습이 어린 왕자에게서도 감지된다.

"넌 내가 모르는 어떤 계획이 있구나……."

그러나 어린 왕자는 내게 대답하지 않았어요. 그는 이렇게 말했어요.

"있잖아요. 내가 지구 위에 떨어진 거…… 내일이면 1년이에요……."

그리고 잠시 말이 없더니 다시 이렇게 말했어요.

"바로 이 근처에 떨어졌었어요……."

그리곤 다시 얼굴을 붉혔어요.

어린 왕자, 그가 지구에 온 지 1년이 지났다. 이는 어린 왕자의 지구에서의 연한이 다했음을 보여주는 것으로, 죽음을 의미한다. 예수가 공생애를 마치고 하늘로 돌아갔듯이 이 지구에 와서 견문을 넓힌 어린 왕자는 진정한 왕으로 거듭나 자신의 별을 다스리기 위해 돌아가야 한다. 다시 돌아감, 이는 종교적인 정신과도 일맥상통한다. 어린 왕자가 돌아가는 시간은 정해져 있으니 그가 온 별이 지구와 일직선에 놓이게 되어 가장 돌아가기 수월한 날과 시간이다.

나는 또다시 왠지 모를 이상한 슬픔을 느꼈어요. 그러면서도 한 가닥 의문이 떠올랐어요.
"그렇담 우연이 아니었구나. 여드레 전 너를 알게 된 그날 아침에 사람들이 사는 땅에서 수천 마일이나 떨어진 곳을 넌 단지 혼자서 그렇게 걸었단 말이냐! 너는 네가 떨어졌던 지점으로 돌아가는 길이었니?"
어린 왕자는 다시 얼굴을 붉혔어요. 나는 주저하면서 덧붙여 물었어요.
"어쩌면 1년 때문이었단 말이니……?"
어린 왕자는 또다시 얼굴을 붉혔어요. 그는 묻는 말에 절대로 대답하지 않았어요. 얼굴을 붉히면 '그렇다'는 뜻이 아닐까요? 그렇지 않아요?

"아! 난 두려워."

사람이 사람과 이별한다는 것은 어떤 형태로든 슬픈 일이다. 더구나 정들었던 사람과의 이별은 쌓인 정만큼 더한 슬픔과 고통을 수반한다. 보내주어야 함을 알면서도 못내 아쉬운 것이 사람과의 이별이다. 다시는 볼 수 없는 이별인 경우에 당하는 아픔은 그 이상의 아픔으로 다가온다. 그것은 정듦의 무게이며, 관계라는 무게이기에 더 아프다.

그러나 어린 왕사는 내게 이렇게 대답했어요.

"아저씨는 이제 일을 해야만 해요. 아저씨 기계 있는 데로 다시 가야 해요. 난 여기서 아저씨를 기다릴게요. 내일 저녁에 다시 와요……."

그러나 나는 맘이 놓이지 않았어요. 여우 생각이 떠올랐어요. 길을 들여놓으면 조금은 염려도 있게 마련이거든요.

사랑하는 일은 상대를 염려해주는 일이다. 사랑하기 때문에 상대에게 관심이 가게 마련이고, 늘 염려한다. 그리고는 이렇게 이별의 아픔을 간직한다. 아무 일도 할 수 없을 만큼 이별하는 일로 머리를 꽉 채울 수도 있다. 하지만 슬픔에 잠겨 마냥 그대로 있을 수만은 없다. 아프다는 것은 그와 그만큼 길들여져 있다는 반증이며, 그래서 섭섭고 놓지 않고 싶어지는 심정이다. 그럼에도 불구하고 떠날 사람은 떠나게 하고, 남는 사람은 자신에게 주어진 일을 하며 그 시간을 보내야 한다. 그렇게 살다보면 길들여진 속박과 책임에서 조금은 벗어날 수도 있다.

이별을 아프지 않게 받아들이기

이별이란 어떤 형태로든 슬픈 일이나. 아무리 장수하다가 돌아가신 부모님이라 해도 이별은 마음을 아프게 수놓는다. 단지 그 슬픔의 농도 차이만 있을 뿐이다. 다시 이 땅에서 만날 수 없다는 생각만으로도 이별은 슬픔이다. 그래서인지 사람들은 무언가의 흔적을 남긴다. 그가 남겨놓는 꼬리들은 어느 날 어느 순간 그가 갑자기 떠난다 해도 자신은 의식하지 못한 묘한 꼬리를 남긴다. 나 자신도 모르는 삶의 암시를 우리는 모두 가지고 있다.

우물 옆에는 오래된 낡은 돌담이 있었어요. 그 다음날 저녁, 일을 마치고 돌아오던 나는 멀리 나의 어린 왕자가 다리를 늘어뜨린 채 그 위에 걸터앉아 있는 것을 보았어요. 그리고 그가 이렇게 말하는 소리를 들었어요.

"그래 너 생각이 안 나니? 이 자리는 아니야!"

틀림없이 그 말에 대답하는 다른 목소리가 있었어요. 어린 왕자가 다시 이렇게 대답했으니까요.

"아냐, 아냐! 날짜는 맞아. 하지만 장소는 여기가 아니야……."

나는 돌담을 향해 가던 길을 갔어요. 아무것도 보이지 않고 아무 소리도 들리지 않았어요. 그렇지만 어린 왕자는 다시 대꾸를 하는 것이었어요.

"……물론이야. 모래 속의 내 발자국이 어디서 시작됐는지 알게 될 거야. 거기서 나를 기다리기만 하면 돼. 난 오늘밤 거기로 갈 거야."

나는 담에서 20미터쯤 떨어져 있었는데, 여전히 아무것도 보이지 않았어요.

우물은 물을 담은 자연적인 도구로써 우리의 생명을 상징적으로 보여준다. 그 우물 옆에 있는 낡은 돌담은 어떻게 보면 허물어지는 우리 육신의 소멸을 상징하고 있다. 해가 넘어가는 저녁 무렵에 어린 왕자는 그 낡은 우물 옆에 앉아 있다. 어차피 사람이란 시간과 장소라는 운명적인 한계를 지닌 존재이다.

어쨌든 이별이란 어떤 모습으로든 애석한 일이다. 이 세상에서는 다시 볼 수 없는 죽음이란 기나긴 이별은 너무도 슬프다. 이 모습 이대로는 다시 만날 수 없는 죽음은 너무 가슴 아픈 이별이다. 더구나 진정으로 좋아했던 사람과 영원한 이별을 한다고 생각해보라. 다시는 볼 수 없다고 생각하면, 그 사람의 웃음을, 미소를, 주고받은 애기들을, 그와 나눴던 따스한 온기를, 그의 모습, 동작, 그 하나하나를 생각하면, 우리는 차마 그를 보낼 수가 없다.

하지만 우리에겐 이 세상에서 살아 있어야 하는 기한이 있다. 아무리 좋은 사람이라도, 아무리 아름다웠던 사람이라도 보내주어야 한다. 차마 마음 아파 미소 지으며 보낼 수 없어도, 돌아서서는 울음 울어도 가는 이 앞에서는 웃음을 보여 주어야 한다. 우리가 이별의 아픔을 가졌듯이 우리가 떠나갈 때는 남아 있는 사람들을 위해서 행복한 미소를 보이며 떠나가야 한다.

어린 왕자가 자기 별로 돌아가는 것은 몸을 가볍게 하는 일이다. 그는 이제 몸을 필요로 하며 살았던 지구와는 영이별이기 때문이다. 어린 왕자는 돌아가기 위한 전제 조건으로 마음을 치료해야 한다. 즉 장미와의 소원했던 관계를 사랑의 마음으로 전환해야 한다. 그는 여우를 통해 그 고장난 마음을 고친다.

하지만 조종사가 돌아간다는 것의 차원은 다르다. 단지 지구 내에서의 이동이니 도구를 필요로 한다. 조종사는 비행기의 중요한 부분, 즉 비행기의 하트라고 할 수 있는 엔진기관을 수리하고 나서야 집으로 돌아갈 수 있다. 어딘가 떠나왔던 곳으로 돌아가기 위해서도 명분이라는 것과 돌아갈 수 있는 도구를 갖추어야 한다. 그것이 온전한 사랑의 통과의례이다.

어린 왕자는 내게 이렇게 말했어요.

"정말 기뻐요. 아저씨가 비행기를 수리했으니 말예요. 아저씨는 집에 갈 수 있을 거예요……."

작가 또한 조국으로 돌아가야만 한다. 어린 왕자도, 작가 자신도 돌아가기 위해서는 도구가 필요하고, 명분이 필요하다. 어린 왕자는 껍데기를 벗음으로써 돌아가고, 작가 자신은 위선을 벗어야만 돌아갈 수 있다. 장미를 사랑하는 일, 아내를 사랑하는 일, 그것은 이 세상에 하나밖에 없는 특별한 존재로 인정하는 마음이 우선해야 한다. 그러기 위해서는 그 존재의 허물이나 단점을 사랑으로 완전히 감싸서 그것마저 진정으로 사랑하는 마음이 있어야만 가능하다.

나는 무언가 심상찮은 일이 일어났다는 것을 느꼈어요. 나는 그를 어린애처럼 꼭 끌어안고 있었죠. 그렇지만 나는 그를 붙잡아두기 위해 아무것도 할 수 없고, 어린 왕자는 심연 속으로, 수직으로 떨어져 내려가고 있는 것 같았어요…….

우리는 죽음 이후의 일을 전혀 알지 못한다. 또한 미래의 일도 정확히 예단하지 못한다. 알 수 없는 미래, 그리고 죽음 후의 일을 알지 못하므로 우리는 늘 긴장하며 살아간다. 그러한 긴장감이 있어서 우리는 무미건조하지 않은 삶을 살 수 있다. 모든 것이 알려진 대로 살아가는 것이 삶이라면 우리는 무기력한 삶을 살아갈 것이다. 저 세상에는 무엇이 있는지, 저 세상이 어떠한지는 갔다 온 사람이 없어서 알 수가 없다. 보이지 않는 그곳이 이 세상보다 아름답다고 생각하는 일은 종교가 담당한다. 그래서 정작 중요한 건 눈에 보이지 않는다는 것일까. 저 세상은 안 보이는 것이고, 그래서 저 세상은 이 세상보다 중요한 세상일 것이다.

> 난 이젠 돌이킬 수 없다는 생각에 온 몸이 얼어붙는 것 같았어요. 이제는 그 웃음소리를 다시 듣지 못하리라는 생각에 견딜 수 없었어요. 그 웃음은 나에게 사막의 샘과도 같은 것이었어요.
>
> "꼬마야, 네 웃음소리를 다시 듣고 싶어……."

어린 왕자와 이별한다는 건 참 애석한 일이다. 그만큼 그와 길들여져 있기 때문에, 그와 정이 깊은 만큼 그의 모든 것을 잃고 싶지 않은 것이다. 사랑이 깊으면 외로움도 아픔도 깊다. 그가 떠나고 나면 그가 보여주던 예쁜 미소, 그의 다소곳한 모습들, 그와 함께 나누었던 그 모든 것들을 다시 볼 수 없다는 것은 너무나 가슴 아픈 일이다. 더구나 기약 없이 헤어진다는 건 이루 말할 수 없다. 우리는 그런 기약 없는 이별을 죽음이라 부른다.

> 그러나 어린 왕자는 내게 말했어요.
>
> "오늘 밤이면 꼭 일 년이에요. 지난해에 내가 떨어졌던 바로 그 자리

위에 내 별이 나타날 거예요……."

"꼬마야, 넌 나쁜 꿈을 꾼 거야. 뱀하고 있었던 일, 만날 장소, 그리고 별 같은 건……?"

그는 내 물음에는 대답하지 않고 이렇게 말했어요.

"중요한 건 눈에 보이지 않아요……."

"그래 알아……."

피에르 신부는 죽음에 대해 이렇게 말한다. "죽는다는 건 삶을 떠나는 것, 가는 것, 사랑하는 사람들의 시야에서 사라지는 것을 의미한다. 그러나 나에게 있어서 죽음이란 정말로 이별이 아니라 지속이다. 그것은 끝이 아니라 새로워지는 것이다. 마치 빛으로 들어가기 위해 어둠에서 나오는 것과 같다."

애잔한 미소로
사랑하는 사람을 보내주기

눈에서 사라져가는 것이 진정한 소멸은 아니다. 눈에서는 사라져도 우리의 기억 속에 남아 있는 한 그는 영원히 우리의 마음속에 살아 있다. 설령 눈에 보이지 않는다 해도 우리 곁을 떠나간 사람과 닮은 사람을 보거나 그의 손때가 묻어 있는 뭔가를 보거나 그와의 추억이 어려 있는 뭔가를 보면 그날 그 자리의, 그의 모습이 거기에 살아 있다. 가끔은 우리의 꿈속에 살아오기도 한다. 보이지 않는다고 영원한 이별은 아니다. 우리의 기억 속에 남아 있는 한 그는 우리 속 어딘가에 살아 있다.

"꽃도 마찬가지예요. 아저씨가 어떤 별에 있는 꽃 하나를 사랑한다고 해봐요. 그러면 밤하늘만 바라봐도 포근해지죠. 어느 별에나 다 꽃이 피어 있어요."

"그래 알아……."

"물도 마찬가지예요. 아저씨가 마시라고 준 물은 어떤 음악 같았어요. 도르래랑 밧줄이랑…… 그것들 때문이에요…… 아저씨도 알 거예요……. 그 물은 좋았어요."

"그래 알아……."

누구와 함께 하느냐, 누구와 함께 보고, 누구와 함께 먹고 마시느냐에 따라 같은 것이라도 달콤할 때가 있고, 쓰디쓴 것일 수도 있다. 사랑하는 사람과 함께하면 모든 것이 달콤한 초콜릿이 되고, 음악이 되고, 시가 되고, 아름다운 글귀가 된다.

그러다가 사랑하는 사람과 함께했던 일들을 결별하고 나면, 그것은 기억 속에 남는다. 기억 속에 남는 것, 그래서 어느 날인가 그와 비슷한 상황을 만나면 한 순간이라도 그날로 돌아간다. 그것은 상징을 통해 깨어난 추억이다. 이렇게 추억으로 남는 것, 어린 왕자와의 가장 진한 상징으로 남는 것은 별이 된다.

사랑은 상징이다. 우리는 모든 사랑을 상징으로 기억한다. 그 누군가와 닮은 것, 그 누군가가 연상되는 것만 봐도 우리는 괜히 설렌다. 마음은 가볍게 떨리고 요동친다. 그것은 그를 사랑했음이다. 그것은 추억으로 남는다.

"아저씨도 밤에 별을 쳐다보겠지요. 내 별은 너무 작아서 아저씨한테 가르쳐줄 수가 없어요. 어쩌면 더 잘된 건지 몰라요. 내 별은 아저씨에겐 여러 별 중 어느 한 별일 거예요. 그러면 어느 별을 바라봐도 다 좋을 거구요. 어느 별이나 다 아저씨 친구가 될 거예요. 그리고 아저씨한테 선물을 하나 줄게요……."

그는 다시 웃었어요.

"아! 꼬마, 꼬마야, 난 그 웃음소리가 듣고 싶어!"

"바로 이게 내 선물이에요…… 물도 마찬가지고……."

이제 다시 볼 수 없는 임이 있다면, 우리는 그 임에 대한 상징을 만들고 그 상징을 바라보며 기쁨을 간직한다. 사랑하는 마음으로 상대를 보면 상대방의 모습 하나하나 모두 아름답다. 사랑하는 마음으로 상대방을 보면 말 한마디 한마디가 다 시가 되고 노래가 된다. 그리고 그와 이별하게 되어도 오랫동안 우리를 미소 짓게 하는 아름다운 추억으로 남는다.

"누구에게나 별은 있지요. 하지만 다 똑같은 별이 아녜요. 여행을 하는 사람에겐 별은 길잡이예요. 어떤 사람들에겐 작은 빛에 지나지 않고요. 학자에게 별은 문젯거리겠지요. 내가 만난 상인한텐 별이 돈이고요. 그러나 별은 말이 없어요. 아저씨는 그런 사람들하고 다른 별을 갖게 될 거예요……."

"무슨 말을 하려는 거니?"

"아저씨가 밤에 하늘을 바라보게 되면, 내가 그 별들 중 한 별에서 살고 있고, 그 별들 중 한 별에서 내가 웃고 있는 것처럼 보일 거예요.

아저씨는 웃을 줄 아는 별을 가지게 될 거예요!"

그리고 그는 다시 웃었어요.

별이란 것도 단순히 우리가 딛고 사는 지구와 같은 것이지만 별을 바라보면 꿈처럼, 희망처럼 느껴진다. 과학적으로야 지구나 달, 또는 화성 같은 물체에 불과하지만, 쉽게 접근할 수 없는 곳이기에 미지로 남아 있기도 하다. 아무리 과학이 발달하여 물질적으로 증명이 가능한 별들이라고는 해도, 별은 볼수록 꿈처럼 우리를 설레게 만든다.

별은 밤 비행을 하는 비행사나 밤길을 걷는 나그네에겐 길잡이가 되기도 한다. 별은 보는 사람, 직업에 따라 다른 것이 된다. 사람들은 자기의 환경에 따라, 자기의 직업에 따라 별을 보는 것이다.

별을 사랑하는 사람들에게 별은 그리움이 살고 있는 집이 된다. 어쩌다 사랑하는 사람과 같이 세던 별을 보면 그 사람을 떠올린다. 떠나간 사람을 위해 그의 별을 지정해놓고, 그 별을 바라보며 그의 모습을 그려본다. 별은 순수한 사람들만의 것이다. 순수를 벗고 어른이 된 사람들에게 별은 연구 대상이 되거나 재산 가치로만 존재한다.

"그리고 아저씨 슬픔이 가라앉게 되면(시간은 슬픔을 가시게 하죠) 나를 알았다는 게 기쁠 거예요. 아저씨는 언제나 내 친구일 거고요. 그리고 나와 함께 웃고 싶을 거예요. 그래서 가끔 이렇게 기쁜 마음으로 창문을 열 거예요……. 아저씨 친구들은 아저씨가 하늘을 쳐다보며 웃는 걸 보고 깜짝 놀라겠죠. 그럼 아저씬 이렇게 말할 거예요. '그래, 별들이 항상 나를 웃게 해주는군!' 친구들은 아저씨가 미쳤다고 생각하겠죠. 내가 아저씨한테 너무 심한 장난을 한 것 같은데……."

그리고 그는 다시 웃었어요.

"별 대신에 웃을 줄 아는 작은 방울을 한 아름 아저씨에게 주고 싶은데……."

자, 이제 사랑하는 사람의 얼굴을 가만히 들여다보자. 그 사람의 얼굴은 그의 인격이다. 한 줄기 바람, 등불, 이런 말들은 웬지 우리를 쓸쓸하게 한다. 누군가와 헤어진다는 건 서글프나. 막상 헤어지고 나면 어떻게든 참고 살아갈 수 있다. 헤어짐을 생각할 때면 너무나 괴롭다. 눈물 나려 하고, 울고 싶다.

하지만 헤어짐에 앞서 눈물이 날 것 같은 사람이 많다면 우리는 아직 살아 있는 것이다. 그래도 울 수 있는 마음이 있다는 건 아직 마음이 순수하다는 의미다. 진정 사랑하는 사람은 몸으로 이별해도 마음엔 가득 담겨 있는 법이다. 낮엔 사라졌던 별들이 밤이면 다시 나타나 우리를 웃게 해주듯이 그와 함께 보았던 별이든, 그 무엇이든 다시 접하게 되면 그는 추억이 되어 내게로 다가온다. 진정으로 사랑했던 사이라면 영원히 내 가슴속에 오롯이 살아서 기억으로 남는다.

어린 왕자와의 아름다운 이별

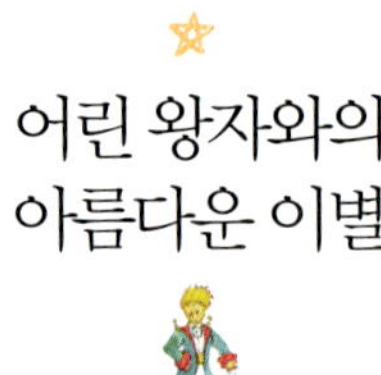

사랑하는 마음으로 헤어져 가는 건 아름다운 이별이다. 아니 그건 이별이 아니다. 떠나도 떠남이 아니라 마음 한자리 차지하고 있는 것이다. 몸으로 멀어진다고 이별은 아니다. 마음속에서마저 지워져버렸을 때, 아니면 마음속에서 미워하게 되었을 때, 그때 이별이라 얘기할 수 있을 것이다. '눈에서 멀어지면 마음에서도 멀어진다'는 속담이 있듯이, 사랑은 눈에서 멀어지고 나면 서서히 지워져 가는, 보이지 않는 이별로 변할 수도 있다. 사랑도 이별도 보이지는 않으니까.

그런데 아름다운 이별을 만들기란 참 어려운 것 같다. 우리의 사랑은 존재로서의 사랑이어서, 서로가 존재하는 것으로 좋은 것이어야 한다. 하지만 우리의 사랑은 서로 집착하고 소유하려는 욕심으로 이루어진 사랑이어서 아름답게 헤어지기 어렵다.

"오늘 밤은…… 알죠, 아저씨……. 오지 말아요. ……."

"나는 네 곁을 떠나지 않을 거야."

"나는 아픈 것처럼 보일 텐데요……. 어쩌면 죽은 것처럼 보일 거예요. 그러니 보러 오지 말아요. 그럴 필요가 없어요……."

"나는 네 곁을 떠나지 않을 거야."

그러나 그는 걱정스런 눈치였어요.

"내가 이런 말을 하는 것은…… 뱀 때문이기도 해요. 뱀이 아저씨를 물면 안 되니까…… 뱀은 심술쟁이란 말예요. 장난삼아 물지도 몰라요……."

"나는 네 곁을 떠나지 않을 거야."

그러나 그는 무언가 안심이 되는 것 같았어요.

"뱀이 두번째 물 땐 독이 없다는 건 사실이긴 해요……."

그날 밤 나는 그가 떠나는 것을 보지 못했어요. 그는 소리 없이 빠져나갔어요. 내가 그를 다시 보았을 때 그는 망설이지 않고 빠른 걸음으로 걷고 있었어요.

그는 이렇게만 말했어요.

"아! 아저씨 거기에 있었어요……?"

이렇게 예쁘게, 어린 왕자처럼 예쁘게 말해주는 사람을 사랑해 보고 싶지 않은가? 어린 왕자처럼 눈동자에 공해가 없는 해맑은 눈을 가진 친구를 만나고 싶다. 이 세상을 가장 원초적인 눈으로 맑게 바라보면서

'왜' 라는 질문을 던지는 어린 왕자처럼 살 수 있다면 좋겠다. 서로의 마음속에 언제까지나 살아 있는 그런 만남은 없을까. 물질이 전혀 개입되지 않아서 입을 것, 먹을 것, 거처할 곳에 대한 근심이라곤 전혀 없이 순결하면서도 예쁘고 아름다운 말만을 주고받으며 살 수 있는 그런 친구, 그런 세상이 보고 싶다. 어린 왕자, 너를 영원히 보내주고 싶지 않지만…….

> 그리고 그는 내 손을 잡았어요. 그러나 그는 또다시 이렇게 말하며 고통스러워했어요.
> "아저씬 잘못한 거예요. 아저씬 마음이 괴로울 거예요. 나는 죽는 것처럼 보일 거예요. 그리고 정말 그런 건 아닐 거예요……."

이별을 선언한 어린 왕자, 그를 보내주는 일은 차마 못할 일이다. 그만큼 그는 아름다웠으니까. 그만큼 어린 왕자에게 길들여져 있으니까. 어쩌면 서로에게 진한 슬픔이 배어 있을 때 이별한다는 것도 쉽지는 않다. 사람은 어떻게 보면 죽기 위해 살고 있는 것일지도 모른다. 우리가 살아가는 하루하루는 죽음을 향해 한 걸음씩 다가가는 것일 테니까. 죽음이란 삶의 끝이 아니라 새로운 삶의 시작이기도 하다. 하지만 이 몸으로는 어린 왕자가 가는 나라에 갈 수 없으므로 잠깐의 이별은 어쩔 수 없다.

우리의 몸은 한낱 껍데기에 불과하다. 우리의 영혼이 이 껍데기라는 집을 떠나는 순간 아무리 건강하고 튼튼한 몸이었다 해도 아무런 쓸모가 없다. 그러니 이 몸을 버린다고 해서 슬퍼할 일은 아니다. 더 아름다운 나라에는 이 껍데기를 무거워서 안고 갈 수 없으니까.

우리의 어린 왕자, 작고 귀여운 어린 왕자, 꽉 깨물어주고 싶을 정도로 여리고 약하게 여겨졌던 키 작은 왕자는 그렇게 우리 곁을 떠나갔다. 이제 이 땅에 어린 왕자는 없다. 하지만 우리는 어린 왕자의 영혼을 느낄 수 있다. 하늘의 별을 세며 자기 별을 만드는 시골 아이들의 눈 속에 어린 왕자의 마음이 깃들어 있다. 어른들의 세계에 의문어린 시선으로 끝없이 왜냐고 질문을 던지는 천진난만한 아이들의 언어 속에 어린 왕자는 숨 쉬고 있다. 비록 나이 들어 세상에 오염되긴 했지만 우리 마음속 어느 구석엔가 어린 왕자의 일부분이라도 숨어 있을지 모른다.

지금은 마음이 조금은 가라앉았어요. 다시 말해…… 완전히 가라앉은 것은 아니에요. 그러나 나는 어린 왕자가 자기 별로 돌아간 것을 잘 알고 있어요. 해 뜰 무렵에 그의 몸은 사라지고 없었기 때문이에요. 그렇게 무거운 몸은 아니었는지…… 그래서 난 밤이면 별들이 하는 이야기 듣기를 좋아해요. 별들은 5억 개의 방울과도 같으니까요……. 그런데 이상한 일이 일어났어요. 어린 왕자에게 그려준 망에다 난 그만 잊어버리고 가죽끈을 달아주지 않았던 거예요! 어린 왕자는 그걸 양에게 씌워줄 수 없었을 거예요. 그래서 나는 이렇게 생각해본답니다.

'그의 별에서 무슨 일이 생긴 것은 아닐까? 어쩌면 양이 꽃을 먹어버

리지나 않았는지.'

때로는 이렇게도 생각해봐요. '그럴 리가 없어! 어린 왕자는 밤마다 꽃을 유리덮개 밑에 잘 넣어 두고 양을 잘 보살필 거야!' 그러면 나는 행복해요. 그리고 모든 별들은 조용히 웃어주고요.

이렇게도 생각해 본답니다. '어쩌다 방심을 할지도 몰라. 그럼 그만이야! 하루 저녁 유리덮개를 잊어버리거나, 아니면 밤에 양이 소리 없이 나가기라도 한다면' 그러면 방울들은 모두 눈물로 변한다……!

이 세상은 우리를 중심으로 잘 엮어져 있다. 하늘도, 별도, 그리고 자연도 우리를 위해 존재하고 있다. 그 소중한 것들을 우리가 지켜주어야 한다. 우리는 누구이며, 우리는 어디서 왔을까. 어디로 가야 하는 걸까. 우리는 대체 왜 살고 있는 걸까. 스스로에 대해 성찰해 본 적이 있는가! 아주 사소한 것이 때로는 내 운명을 좌우하기도 하고, 전혀 다른 세계로 나를 이끌기도 한다.

우리는 사소하지만 중요할 수도 있는 그런 것들을 너무 잊고 산다. 그러다가 어느 날 갑자기 어쩔 수 없는 상황에 처하고 나면 그 작게 변하고 있었던 것이 이토록 크게 위치를 점하고 있다는 걸 알게 된다. 우리는 모두 늙어가고 있고, 언젠가는 직장에서의 자리, 사회적인 자리, 그 어떤 자리이든 불가피하게 비워주어야 하는 날이 오고야 만다.

하늘을 보세요. 그리고 스스로 물어보세요. 양이 그 꽃을 먹었을까,

안 먹었을까? 그러면 여러분은 분명 모든 것이 얼마나 달라지는지 알게 될 거예요…….

그냥 바쁘게 명예를 위해, 사랑을 위해, 재산을 불리기 위해 고심하다가 어느 날인가 정말로 갑자기 애써 마련한 명예와 재산도 사랑도 고스란히 놓아둔 채, 한 번도 가본 적이 없는 저 먼 나라로 우리는 떠날 것이다. 우리가 애썼던 일들이, 매달렸던 일들이 중요한 것이 아니었는데, 실제로 우리에게 중요한 것은 다른 곳에 있었는데, 우리를 둘러싼 아주 작고 하찮은 것들도 모두 의미가 있는데, 우리는 너무 우리 자신만을 생각

하며 살지는 않았을까 생각하는 순간도 올 것이다.

> 그런데 이게 그토록 중요하다는 것을 어른들은 아무도 이해하지 못할 거예요!

계산하고 미움이 있는 마음이 아니라 순수한 아이처럼 있는 그대로 세상을 보았던 어린 왕자는 우리에게 세상을 보는 눈을 가르쳐주고 떠났다. 우리는 어린 왕자가 떠난 그 별을 알지 못한다. 하지만 어린 왕자는 아이를 닮은 순수한 마음을 가진 어른들을 보며 어느 별에선가 미소를 짓고 있다. 맑은 밤, 하늘을 올려다보라! 어린 왕자는 우리를 보며 예쁜 미소를 짓고 있을 것이다. 어린 왕자가 있는 별을 찾을 수 없다면 모든 별에서 어린 왕자가 우리를 보고 있다고 생각하자! 그러면 5억 개의 별 모두가 어린 왕자가 사는 별이 되어 우리에게 미소 짓는다.

누군가를 사랑해본 적이 있는가? 사랑해 보라. 그러면 그 사람은 어린 양처럼 느껴진다. 건드리면 쓰러져버릴 듯이 아주 약하게 느껴진다. 진정한 사랑은 그 누군가를 보호해주고 싶은 생각이 드는 마음이기 때문이다.

사랑은 지배하는 것이 아니라 그를 떠받들어주고 봉사하고 헌신하는 것이다. 그의 고통을 대신하고, 죽음까지도 대신하고 싶은 마음이 드는 것이 사랑이다. 자신보다 남이 소중히 여겨질 때 그것이 진정한 사랑이다. 누군가를 위해 죽을 용기가 있다면 그것은 진정 사랑이다.

어린 왕자와의 이별을 정리하며 이제 우리도 이별의 인사를 나누어야 한다. 오래도록 우리는 어린 왕자의 이야기를 나누었다. 만나면 헤어지고, 헤어졌다가 다시 만나는 세상이다. 세상이란 마당에서 우리가 언제 다시 어떤 위치에서 만나게 될지는 아무도 모른다. 언젠가 더 정겹고 더 아름답고 기쁜 마음으로 여러분과 나 그리고 어린 왕자가 함께 만날 날이 오면 '우리는 아름다웠노라' 고 말할 수 있었으면 한다.

진정 마음의 눈으로 세상을 보도록 가르쳐주고 떠난 아름다운 친구, 작지만 총명한 초롱초롱한 눈동자의 참 예쁜 친구! 너를 만나 얼마나 기뻤는지!

안녕, 안녕, 나에게 예쁜 사랑을 가르쳐준 어린 왕자여, 안녕!

"장미들을 보러 가렴. 너는 네 꽃이 이 세상에서 단 하나란 걸 알게 될 거야. 그리고 나에게 이별의 인사를 하러 와. 그럼 비밀 하나를 선물로 줄게."

어린 왕자는 장미들을 다시 보러 갔어요.

"너희들은 내 장미와 조금도 닮은 데가 없어. 너희들은 아직 아무것도 아니야. 아무도 너희들을 길들이지 않았어. 내 여우가 꼭 너희들과 같았지. 내 여우는 수많은 여우들과 같은 여우 한 마리에 지나지 않았어. 하지만 난 여우를 친구로 삼았고 이젠 이 세상에 단 하나밖에 없는 여우가 됐어."

"안녕!"

어린 왕자는 장미들을 다시 보러 갔어요.

그는 꽃들에게 이렇게 말했어요.

"너희들은 내 장미와 조금도 닮은 데가 없어. 너희들은 아직 아무것도 아니야. 아무도 너희들을 길들이지 않았고 너희들도 누구 하나 길들이지 않았어. 옛날엔 내 여우가 꼭 너희들 같았지. 수많은 여우들과 같은 여우 한 마리에 지나지 않았어. 하지만 난 여우를 친구로 삼았고 그 여우는 이젠 이 세상에 단 하나밖에 없는 여우가 됐어."

그러자 장미꽃들은 몹시 난처해졌어요.

어린 왕자는 말을 계속했어요.

"너희들은 아름다워. 하지만 너희들은 비어 있는 거야. 아무도 너희들을 위해 죽을 수는 없을 거야. 물론 나의 꽃인 내 장미도 멋모르는 행인은 너희들과 비슷하다고 생각할 거야. 하지만 내겐 그 꽃 하나만으로도 너희들 전부보다 더 소중해. 내가 물을 준 것은 그 꽃이기 때문이야. 내가 유리덮개를 씌워 준 꽃이기 때문이야. 내가 바람막이로 바람을 막아 준 꽃이기 때문이야. 내가 벌레를 잡아 준 꽃이기 때문이야(나비가 되라고 두세 마리는 남겨놓았지만). 내가 불평을 들어주고, 허풍을 들어주고, 때로는 심지어 침묵까지 들어 준 꽃이기 때문이야. 그건 나의 장미이기 때문이야."

그리고 어린 왕자는 여우에게 다시 갔어요.

어린 왕자에게 배우는 사람을 사랑하는 기술

"잘 있어."

그가 말했어요.

"잘 가, 내 비밀은 이거야. 아주 간단해. 마음으로가 아니면 잘 보이지 않는 거야. 중요한 것은 눈에 보이지 않아."

"중요한 것은 눈에 보이지 않아."

어린 왕자는 기억해 두려고 따라서 말했어요.

"네 장미를 그토록 소중하게 만든 건 네가 너의 장미를 위해 소비한 시간이야."

"나의 장미에게 소비한 시간이야."

어린 왕자는 기억해 두려고 따라했어요.

"사람들은 이 진실을 잊어버렸어. 하지만 넌 그걸 잊으면 안 돼. 네가 길들인 것에 넌 언제나 책임이 있어. 넌 네 장미한테 책임이 있어……."

여우가 말했어요.

"나는 내 장미한테 책임이 있어……."

어린 왕자는 기억해두려고 되풀이했어요.

사람이 최우선이다

사람은 외롭다. 사람이어서 외롭다. 홀로 살 수 없는 동물이어서 외롭다. 열등한 존재라서 외롭다. 사람은 여타의 동물에 비해 신체적으로 아주 열등한 존재이다. 둔하디둔한 소에 비해 봐도 그렇다. 소는 태어난 지 불과 한나절이면 일어서서 걷기 시작한다. 인간이 그 정도 걸으려면 족히 1년은 걸려야 한다. 그렇다고 작은 새처럼 날지도 못한다. 맹수들처럼 날카로운 발톱이나 이빨도 없다. 다른 동물들처럼 빨리 뛰지도 못한다. 그럼에도 인간이 영장류의 제왕이 될 수 있었던 건 순전히 생각할 수 있는 힘 덕분이다. 이 생각하는 힘으로 인간은 혼자 살아가기보다는 여럿이 함께 집단을 이루어 살아야 할 필요를 느꼈다.

혼자 살기는 어렵다는 것을 터득한 잠재의식은 이제 인간에게 이로움을 가져다주었다. 그래서 인간은 외롭다. 그 생각이라는 것이 인간으로 하여금 혼자 있어도 외롭고, 여럿이 있어도 외롭게 만들었다. 인간이 이 외로움에서 벗어나려면 친밀한 관계를 유지할 수 있는 사람을 만나는 수밖에 없다. 지독한 외로움을 경험해본 사람은 그러한 필요를 더욱 진하게 느낀다.

어린 왕자는 외롭다. 사막에 떨어진 어린 왕자는 이야기를 나눌 대상이 없다. 하나밖에 없던 장미마저도 멀리 있다. 그래서 어린 왕자는 누군가를 만나고 싶어 한다. 어린 왕자, 그는 다름 아닌 우리의 자화상이다. 사람은 많으나 말을 나눌 상대가 없는 현대인의 모습 그것이다.

이 어린 왕자에겐 생텍쥐페리의 외로움이 배어 있다. 생텍쥐페리가 이 글을 쓰게 된 배경은 1935년 12월 29일, 파리에서 사이공 간 비행기록 경신을 위해 출발했다가 리비아 사막에 불시착한 경험에서 비롯된다. 그와 기관사 프레보는 뜨거운 사막을 헤매다가 3일 만에 아랍인 상인에게 구출되었다. 그는 사막에서 인간의 외로움과 쓸쓸함, 그리고 나약함을 체험했다. 죽음을 넘나들면서 다시는 볼 수 없을 사람들, 삶에 대한 애절한 집착에서 그는 진정한 인간의 모습을 보았고, 진정한 신을 만났다.

보이는 것이라곤 모래벌판밖에는 없는 곳, 그리고 지독한 목마름, 그런 처지에 처해 있다고 가정해보자. 그러나 인간은 어떤 상황에서건 살아남을 수 있다. 아무것도 보이지 않고, 모래알로만 이루어진 사막이 아무리 넓어도 사막 어디엔가 오아시스가 있듯이 어려움에 처해도 마음을 차분히 하고 방법을 찾으면 어딘가에 탈출구는 있다. 문이 닫히면 반드시 열리는 방법이 있게 마련이다.

그가 경험한 진정한 인간이란 아주 나약한 존재라는 것이고, 그가 만난 진정한 신이란 그 나약함에서 생명을 구해준 신이다. 3일간 물을 마시지 못한 그는, 이제 말조차 할 수가 없다. 아무리 소리를 지르려 해도 입이 바싹 말라서 갈그랑거리는 소리밖에는 낼 수가 없다. 정신이 혼미해지고 수많은 신기루들이 나타난다. 하지만 가서 보면 아무것도 아닌 허상들뿐이다.

그런데 이번엔 진짜다. 저기 아주 멀지 않은 곳으로 대상이 지나간다. 그들을 불러 세울 수만 있다면 그들은 그를 오아시스로 인도할 것이다. 소리를 쳐서 그들을 불러 세우려 해도 말조차 안 나온다. 뛰어가자고? 기진맥진하여 단 한 발짝도 움직일 수가 없다. 이제 희망은 단 하나, 저들이 돌아보기만을 간절히 바라는 일, 그건 기적이다. 그들이 90도만 돌아선다면 생텍쥐페리는 살 수 있다. 그러면 저들이 그를 볼 수 있기 때문이다. 저들이 돌아보지 않고 그냥 가던 길을 가면 그는 죽음을 기다릴 수밖에 없다. 90도의 각도가 그를 살릴 수도 있고, 죽게 버려둘 수도 있다.

아! 기적이다. 그들이 돌아보았다. 그들의 눈에 그가 보였다. 발견된다. 그가 그들 앞에 넙죽 엎드려 절한다. 대상, 그들은 그의 신이다. 그의 생명을 구한 신이다. 그렇다. 인간만이 인간을 살릴 수 있다는 것, 인간은 홀로 살 수 없다는 것, 생텍쥐페리가 사막의 고통에서, 사막의 고독에서 발견한 진정한 인간이란 나약하지만 공동의 선을 이루며 살아간다면 인간은 위대해질 수 있다는 것이다.

따라서 어린 왕자에 그가 쏟아부은 삶의 진리는 사람에겐 만남이 소중하고, 그 만남을 어떻게 관리하느냐이다. 사람은 서로 만나야 한다. 만나서 관계를 이루어야 한다. 비즈니스적인 관계가 아니라 인간애로 연결된 그런 만남을 이루어야 한다. 그 아름다운 관계, 인간다운 관계를 맺을 수 있는 나름의 방식과 절차가 있다. 그것이 어린 왕자가 사람을 사랑하는 법이며, 더 구체적으로는 어린 왕자가 장미를 사랑하는 법이다.

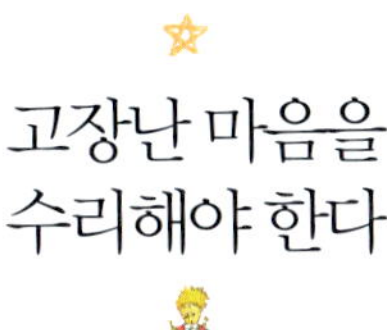

고장난 마음을 수리해야 한다

살다보면 외로운 날이 많다. 꼭 혼자 있어야만 외로운 건 아니다. 주위에 아무리 사람이 많아도 갑자기 외로운 날이 있다. 가족이 있어도, 친구가 있어도, 가질 것은 다 가지고 있어도 외로움과 공허감을 느낄 때가 있다. 반면 어느 날 갑자기 주위의 사람들이 그토록 사랑스럽고 좋게 느껴지는 날도 있다. 우리는 사막 한가운데를 통과하는 여행객들과 같다. 가도 가도 끝이 없고 사람도 없는 그런 사막이다. 이 세상에 있는 사람들은 그 사막을 이루는 모래알들이다. 어쩌면 이 세상에 살아 있는 건 나 하나뿐일 수도 있다.

바다가 아무리 넓다 해도 생명체가 존재하지 않는다면 그곳은 사막이다. 이 세상은 인간의 바다이기도 하며, 인간의 사막이기도 하다. 나에게 있어 무의미하고 무가치한 것들만 존재하는 곳이라면 그곳은 대지이든 바다이든 인간의 사막이다. 어느 곳이든 생명이 있는 것들, 관계를 맺고 있는 것들이 소중하다.

우리가 누군가를 만나는 이유는 여러 가지가 있을 수 있다. 어떤 이익을 얻기 위한 만남, 서로가 윈윈하기 위한 협상을 위한 만남, 원하지 않는 만남, 뭔가를 가르치고 배우기 위한 만남 등 만남의 이유는 아주 다양하다. 하지만 그런 만남이 인간의 고독이나 외로움을 근원적으로 해소해주지는 못한다. 인간의 고독을 근원적으로 해소해주는 만남이란 서로 진심으로 이야기를 나눌 수 있는 만남뿐이다.

"나는 진심으로 이야기를 나눌 사람 하나 없이 혼자서 살아왔어요."

생텍쥐페리는 《어린 왕자》에서 자신을 이해해주는 사람이 없이 살아왔다고 고백한다. 나와 마음이 통하는 사람이 없다면, 마음의 대화를 나눌 사람이 없다면, 내가 있는 곳이 어디이건 나에겐 사막이나 다름없기 때문이다. 주위에 아무리 사람이 많다고 해도, 나와 관계를 맺은 사람들이 없다면 여기는 인간의 사막이다. 서로 통하지 않고, 관계없이 주변에 있는 사람은 나에겐 아무 의미가 없다.

작가가 머문 뉴욕이라는 도시, 조국을 떠난 망명자 신세에 처한 그에게 뉴욕은 사막과 마찬가지다. 뉴욕 하늘 아래서 사하라 사막을 생각했다. 사하라 사막에서 그는 지칠 대로 지쳐 마음마저 고장날 지경에 이른다. 고장난 비행기의 엔진, 엔진은 비행기에서 가장 중요한 기관이다. 우리 몸으로 생각하면 우리의 마음이라고 할 수 있다. 고장난 엔진을 고치려 해도 그의 주변엔 아무도 없다. 그 어려운 수리를 혼자 해내야 한다. 그가 아무리 힘들어도 그의 마음을 알아주고 이해하는 사람이 없는 한 그의 마음은 죽어 간다. 사막에서 벗어나려면 기관(마음)을 수리해야 한다. 마음은 인간의 가장 본질적인 것이며, 또한 보이지 않는 것이다. 사람에겐 마음이 가장 중요하고, 비행기에게는 기관이 가장 중요하다.

그 중요한 기관이 멋진 동체에 싸여 있다. 사람들은 비행기를 보고 비행기의 동체만 기억하지 기관은 생각도 않는다. 비행기가 움직이려면 기관이 작동해야 함에도 말이다. 우리 인간도 마찬가지다. 육체 안에 숨어 있는 마음이 그 사람의 모두를 지배하는 것인데도 우리는 마음을 들여다볼 생각도 안한다. 겉모습만 보면서 그 사람과 만나려 한다. 정작 중요한 기관이나 마음은 이렇게 동체 안에 숨어 있다.

"그 어려운 수리를 혼자서 해야 했어요. 나로서는 죽느냐 사느냐 하는 문제였어요. 겨우 일주일 동안 마실 물밖엔 남아 있지 않았으니까요."

살다보면 누구나 죽느냐 사느냐의 문제에 한번쯤은 직면할 수 있다. 그것은 아주 절박한 상황이다. 생텍쥐페리가 사막에서 조난당했을 때는 물이라고는 없었지만, 어린 왕자를 만나는 화자는 일주일분의 물이 있었다고 이야기한다. 그러나 이 물의 양으로는 결국 10일 이상을 살아남지 못한다는 것을 의미한다. 적어도 그 기간 안에 사막을 벗어나야 한다. 물론 화자인 비행사는 이 부분을 한 마디로 언급하고 있지만 아주 중요한 대목이다. 사람들은 절박한 상황에 처한 주인공이 어떻게 행동하게 될까에 관심이 많기 때문이다. 절박한 상황, 그것은 아무런 도움도 받을 수 없으며, 의지할 것도 존재하지 않는 상황을 말한다. 더는 벗어날 도리가 없는 상황이다. 하지만 화자가 일주일분의 물이 남아 있다고 밝힘으로써 비행기를 수리하여 사막에서 벗어날 수 있다는 희미한 희망을 설정하고 있다.

"사람이 사는 곳에서 멀리 떨어져 있다는 걸 기억하고 있죠? 내가 보기에 이 꼬마는 길을 잃은 것 같지도 않았고, 피곤이나 굶주림이나 목마름이나 두려움으로 죽을 지경이 된 것 같지도 않았어요. 사람이 사는 곳에서 멀리 떨어진 사막 한가운데서 길을 잃은 어린아이 같은 모습은 전혀 아니었어요."

사막이란 장소를 상상해보면, 엄청난 양의 모래더미들과 외로운 하늘에 총총한 별들, 그리고 모래를 공중으로 휘몰아 올리는 바람이 연상된다. 생사가 오고가는 사막, 아무도 없는 그 빈들에 서면 온갖 두려움과 외로움이 밀려온다. 모르는 사람들이 갑자기 나타날까봐 두렵기도 하지만, 이내 그 사람들이 무척 그리워진다. 외로운 사람에겐 하찮은 그 누구라도 소중한 친구가 될 수 있다. 외로움은 그 무엇보다도 견디기 힘들다. 사람들이 탈선하는 것도 외로움에서 시작한다. 외로움은 사람을 지치게 하고 자신감을 잃게 한다.

진정한 사랑은 사랑하는 사람을 외롭게 내버려두지 않고 관심을 가져주는 일이다. 그 사람의 하찮은 얘기라도 들어주고, 아니면 들어주는 척이라도 해야 한다. 그들은 얘기하는 것만으로도, 얘기 상대가 있다는 것만으로도 마음의 위안을 받는다. 진정 외로울 때 함께하는 사람, 그 사람이야말로 진정한 친구이다. 진정한 친구는 외롭고 힘없는 약자의 친구가 되려고 노력하는 사람이다.

우리는 그런 친구를 만나야 한다. 친구란 단순히 동년배를 이야기하는 게 아니라 서로 이해할 수 있고, 서로 마음을 나눌 수 있는 의미의 친구이다. 아무리 삶의 조건이 충족된다 해도 서로 마음을 나눌 친구가 없다면 인간은 외롭고 불행하다. 그만큼 친구는 소중하다. 그래서 생텍쥐페리는 《어린 왕자》 헌사에서 이 책을 자기가 가장 좋아하는 친구 레옹 베르트에게 바친다고 했다. 만나야 한다. 우리는 서로 이해할 수 있는 친구를 만나야 한다.

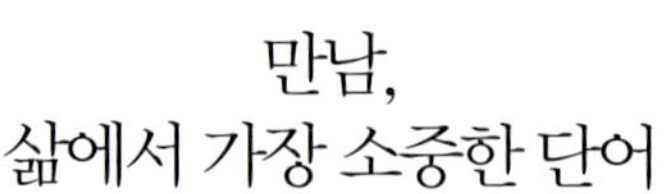

만남, 삶에서 가장 소중한 단어

만남의 중요성은 아무리 강조해도 지나치지 않다. 만남으로 인해 인생의 새로운 전환점을 만날 수도 있고, 만남으로 인해 때로는 위대한 작품이 탄생할 수도 있다. 작가는《어린 왕자》이야기를 끄집어내기 위해 어떤 보이는 모습을 먼저 제시하지 않고, 보이지 않는 어떤 목소리를 등장시킨다.

목소리 앞에 정관사를 쓴 게 아니라 부정관사를 쓰고 있다. 언어에서 처음 등장하는 관사로 부정관사를 쓴다면, 다음에는 이미 언급했으므로 정관사를 쓴다. 그야말로 '어떤' 에서 '그' 로 전이되는 과정이다.

보이지 않는 그 어떤 것, 어린 왕자라는 이야기의 진정한 시작은 그 목소리 이후가 될 것이다. 비행기에서 동체보다 중요한 것이 그 속에 내장된 기관인 것처럼 중요한 것은 겉으로 드러나는 것이 아님을 예시하고 있다. 이른바 보이지 않는 것으로부터의 시작이다.

그 목소리는 이렇게 말했어요.

"저…… 양 한 마리만 그려줘요!"

"뭐라고!"

"양 한 마리만 그려 줘……."

나는 마치 벼락이라도 맞은 것처럼 벌떡 일어섰지요.

사막에서의 뜻밖의 만남, 아무도 없는 빈들과도 같은 사막에서 누군가를 만난다는 건 무척이나 신기하고 반가운 일이다. 기대했던 것을 얻거나 이루는 것은 그다지 놀랍지 않다. 그러나 그것은 전혀 예상치 못했던 일이다. 우리도 살아가면서 사막과 같은 인생의 한 과정에 직면한다. 관계를 맺지 못하고 사는 사람들 사이에 있으면, 마음대로 할 수 있는 내 소유의 물질이 아니라면, 그곳은 나에겐 빈들이다.

정말로 뜻하지 않은 만남은 만 가지 생각, 만 가지 상상을 가져다준다. 우연한 만남은 많은 충격과 느낌, 감동을 가져다준다. 거기에다 그 뜻하지 않은 만남이 전혀 엉뚱한 요구를 하고 있다. 한 번도 들은 적이 없는 목소리가 아주 엉뚱한 요구를 하고 있는 것이다.

삶에서 우연을 무시할 수는 없다. 우연이란 단지 우리가 생각하는 관념이다. 우연이 운명일 수 있고, 인연일 수도 있다. 운명이란 우연들이 뭉쳐 일어난 사건이라 할 수 있다. 어떤 우연이 나의 운명인지, 나의 인연인지 우리는 정확히 알 수 없기 때문이다. 모든 인연, 또는 운명은 우연을 가장하고 찾아온다. 그러므로 우리는 다가오는 모든 만남을 한번쯤은 고려해 보아야 한다.

어떤 환경에 처했건 그건 그다지 중요하지 않다. 우리를 가끔 짜증나게 하는 건 무리한 부탁을 하는 경우다. 아무리 조건이 좋아도 늘 질질 우는 사람이 있다. 반면 아무리 어려운 상황에서도 굳건하게, 그리고 긍정적으로 사는 이들이 있다. 그런 사람을 만나면 우리는 첫 만남에서 이미 호감을 갖는다. 하지만 첫인상이, 첫 분위기가 행운을 가져다주리란 보장, 서로에게 도움이 되는 만남이란 보장은 없다. 우리는 만남에 있어 진지해져야 하고, 어느 정도는 자기희생을 각오해야 한다. 그래야 그 만남들이 후회스럽지 않게 다가올 것이다.

물론 첫 만남으로 상대의 태도를 통해 어느 정도 상대를 평가할 수는 있다. 그게 전부는 아니라는 의미다. 삶은 사는 대로 이루어지게 마련이다. 늘 남에게 뭔가를 얻으려는 거지 근성을 가진 사람은 그렇게 되어가도록 상황이 바뀌는 법이다. 반면 남에게 주면서 살려고 노력하는 사람에게는 그만큼 남에게 줄 것이 생기게 된다. 사람은 자신의 인생을 만들어간다. 그러므로 어떤 상황에서건 긍정적인 생각을 가져야 한다. 타인에게 부담되는 얼굴로 살기보다는 편안한 의미의 삶을 살아야 한다. 살아가는 모습이 얼굴로 배어나오기 때문이다.

무엇인가 간절히 필요한 사람에게 내가 할 수 있는 일로 도움을 줄 수 있다면 아름다운 일이다. 자신과는 어울릴 것 같지 않은 일이어도 누군가를 기쁘게 하기 위한 수고를 할 수 있는 그 마음이 아름답다.

건강하게 오래 사귈 수 있는 친구를 만나라

외로움을 근원적으로 해결해주며 행복하게 살 수 있도록 해주는 만남이 필요하다. 이 만남은 우선 건강한 만남이어야 하고, 오랜 시간을 함께할 수 있는 만남이어야 하고, 서로에게 필요한 만남이어야 한다.

길지 않은 시간을 좋게 지낼 수 있는 만남은 흔하디 흔하다. 연애 기간은 누구에게나 좋은 인상을 준다. 그 기간으로 그 사람이 좋다 나쁘다를 평할 수는 없다. 친구를 만나는 일도 마찬가지다. 오래 함께하면서도 서로에게 실망을 주지 않으며, 서로가 더 잘 이해를 할 수 있어야 좋은 만남이다. 오래된 포도주일수록 더 향이 짙고 가치가 높아지는 것처럼 사람과 사람의 만남도 함께한 시간이 많을수록 더 그윽하게 깊어지는 관계로 발전해야 한다.

"아니! 아니에요! 난 보아뱀의 뱃속에 있는 코끼리는 싫어요. 보아뱀,

그건 아주 위험해요. 그리고 코끼리는 아주 거추장스럽고요. 내가 사는 곳은 아주 작단 말예요. 나는 양이 필요해요. 양 한 마리만 그려줘요."

좋은 친구가 많지 않아도 좋다. 단 한 사람이라도 마음을 나눌 수 있고, 언제까지나 함께할 수 있으며, 빛이 바래지 않을 친구라면 한 사람이라도 족하다. 물론 사회생활을 하려면 많은 사람을 만날 수 있다. 당연히 그 사람들을 소중히 여기며 만나야 한다. 우리에겐 이렇게 필요한 사람, 저렇게 필요한 사람이 있을 수 있기 때문이다. 그런 만남들 외에 진정한 만남이 또 필요하다. 마음을 툭 터놓고, 무엇이든 무슨 이야기든 나눌 수 있는 친구가 필요하다. 그런 친구 한 사람이면 족하다. 그 한 사람이 우리의 고독을 해결해준다.

그래서 나는 그렸어요. 그는 조심스럽게 살펴보더니 말했어요.
"아니에요! 이건 벌써 몹시 병들었는데요. 다른 양으로 하나 그려줘요."
나는 다시 그렸어요. 내 친구는 얌전하게 미소를 짓더니 너그럽게 말했죠.
"아저씨도 알면서…… 이건 양이 아니잖아요. 이건 숫양이에요. 뿔이 있잖아요……."
나는 다시 그림을 그렸어요. 그러나 그것 역시 먼저 그렸던 그림들처럼 퇴짜를 맞았어요.

"이건 너무 늙었어요. 나는 오래 살 수 있는 양을 원해요."

누구를 만나느냐에 따라 우리 삶도 영향을 받는다. 마음이 병든 친구가 있다면, 나도 어느새 병들어간다. 그런 친구를 만나려면 우선 내가 건강한 마음에 자신이 있어야 하고, 친구의 병든 마음을 고쳐줄 자신이 있어야 한다. 그렇지 않으면 서로 힘들고, 서로 아픔만 공유하게 된다. 이타심도 필요하지만 최소한의 이기심은 있어야 한다는 뜻이다. 내 행복한 마음이 상대에게도 행복을 줄 수 있어야 한다는 전제가 있어야 한다. 그러므로 우리는 누군가를 만날 때 행복한 모습으로, 행복한 미소로 상대를 대하려는 자세를 가져야 한다. 건강한 정신으로 사람을 만나고, 사람을 건강하게 만들려는 마음을 가져야 한다.

또한 내가 감당할 만한 사람을 만나야 한다. 친구란 서로가 부담이 없는 사이여야 한다는 의미다. 서로가 상하관계여서도 안 되고, 부담을 느끼는 사이여서도 곤란하다. 서로 이해하며 오래 사귈 수 있는 사람을 만나야 한다. 그 사람은 마음도 건강하고 모나지 않았으며 진실하여 언제까지고 내 곁에 있을 수 있는 사람이어야 한다. 쉽게 떠날 사람이라면, 쉽게 떠나보내야 할 사람이라면, 마음의 상처만 깊을 뿐이다. 사람을 만나는 일은 이렇게도 어렵다. 사람과의 만남이 내 삶을 풍요롭게 할 수도 있고, 내 삶을 병들게 할 수도 있고, 내 삶을 모나게 할 수도 있고, 그를 잃음으로써 나를 슬프게 할 수도 있으니까.

누군가를 떠나보낸다는 건 쓸쓸한 일이다. 더구나 우리의 마음에 곱디고운 인상을 남겨주고 떠난 사람에 대한 기억을 떠올릴 때마다 콧등이 시큰해지곤 한다. 그와의 추억. 그는 나에게 어떤 의미였을까? 그리고 지금 어디서 어떤 모습으로 살아가고 있을까? 여전히 예전처럼 세상에 대한 온갖 궁금증을 가지고 사는 순박한 친구로 남아 있을까?

그때 나는 기관분해를 서둘러 시작해야 했기 때문에 참지 못하고 알아보기 힘들게 그림을 그렸어요. 그리고 던져주며 말했어요.
"이건 상자야. 네가 갖고 싶어 하는 양은 그 안에 들어 있단다."
놀랍게도 이 꼬마 심판관의 얼굴이 갑자기 환하게 밝아졌어요.

비행사는 어린 왕자에게 우선 양 한 마리를 그려준다. 하지만 어린 왕자는 '병든 양' 이라며 다른 양으로 그려달라고 한다. 그는 양을 원하되 병든 양은 원하지 않는다. 비행사는 그에게 다시 양을 그려주시만 어린 왕자는 '숫양' 이라며 다른 양을 원한다. 그리고 다시 그려준 그림에 대해서는 '늙은 양' 이라며 거절한다.

어린 왕자는 오랫동안 친구로 지낼 수 있는 양을 원한다. 병도 들지 않고, 억센 양도 아니며, 오래 살 수 있는 어린 양을 원하고 있다. 그래서 그는 생각다 못해 세 개의 구멍이 나 있을 뿐인 상자 그림을 준다. 그러자 어린 왕자는 상자 속에 있는 어린 양을 알아보며 좋아한다. 상자 속에 자기 마음에 드는 양을 넣을 수 있기 때문이다.

좋은 친구가 되는 조건은 마음의 문제다. 마음이 고장나지 않아야 마음으로 친구를 만날 수 있다. 이는 까다로우면서도 쉬운 문제이다. 내가 어떤 마음을 가지고 상대를 보느냐의 문제이기 때문이다. 어떤 조건이든, 어떤 상황이든, 그것은 어떤 피상적인 문제도 아니고, 외모에 관한 문제도 아니다. 그러므로 진정으로 좋은 만남을 원한다면, 삶에 찌들고 편견으로 가득 찬 내 마음을 수리해야 한다. 그리고 상대를 고를 수 있어야 한다.

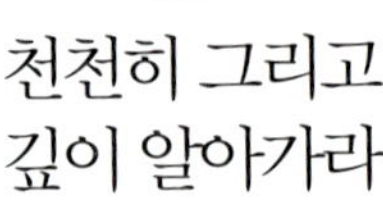

천천히 그리고 깊이 알아가라

《어린 왕자》에서 화자는 어린 왕자에 대해 조금씩 알아간다. 하루에 한 가지씩이다. 그것도 어린 왕자가 직접 말해주는 것이 아니라 이야기를 나누는 중에 우연히 흘러나온 그의 말을 통해서 알아간다.

사람을 만나는 것은 우선 사람을 알아가는 일이다. 친구란 서로가 잘 아는 사이고, 사랑하는 사람도 아주 잘 아는 사이다. 어설프게 알면서 친구라고 말하고, 애인이라고 말하기도 하지만 그런 만남은 불안한 만남이다. 잘 아는 만남은 피상적으로 아는 게 아니라 속내까지도 아는 사이의 만남이다. 그런 속 깊은 만남들을 만들어야 한다.

우리는 사람을 처음 만나면 우선 얼굴을 본다. 그리고 옷차림이나 생김새를 보게 될 것이다. 그러면서 우선 첫 시선에서 그를 판단한다. 그렇게 형성된 첫인상은 쉽게 지워지지 않고, 그 사람을 보는 기준으로 자리잡는다. 하지만 첫눈에 사람을 알아본다는 것은 어려운 일이다. 그럼에도 그 사람에 대한 느낌이 고착돼버리고 그를 판단하는 것이다. 이것이 선입견이다. 인상이 좋으면 착할 것이라는 느낌, 남녀 간에도 이런 첫 느낌이 중요하게 작용한다. 인상을 전혀 무시할 수는 없다. 사람의 얼굴이나 느낌은 그의 내면을 비추는 거울이기도 하니까. 그럼에도 불구하고 잘못된 만남보다는 없었던 만남이 오히려 나은 일이므로 만남에 있어서는 신중을 기해야 한다.

> 그가 어디서 왔는지 알기까지는 오랜 시간이 걸렸어요. 어린 왕자는 내게 이것저것 물어 보면서도 내 질문에는 귀를 기울이지 않았어요. 어쩌다 그가 한두 마디씩 툭툭 내뱉는 말을 통해서 나는 그에 대해 점차 알게 되었어요.

우리 주위에는 함께 살을 맞대고 가정을 이루며 살다가 쓰디쓴 이별을 하는 이들이 많다. 그렇게 되면 주위에 있는 사람들도 덩달아 고통을 당하고 정신적 피해를 입는다. 불행이란 나의 문제로 국한되는 것이 아니라 주위로 전염이 되므로 책임감도 함께 느껴야 하는 것이 우리의 만남이다.

사람은 오랫동안 사귀어봐야 그 사람의 진가를 알 수 있다. 더구나 남남이 만나 한 가족을 이루는 결혼에 있어서는 더욱더 상대를 면밀히 알아보아야 제대로 그 사람을 알 수 있다. 오랜 시간 함께 할 사람이라면 좀 더 깊이 알아가야 한다. 성급하게 판단하기보다는 조금씩 천천히 알아가야 한다. 한 사람과의 관계는 그와의 관계로만 끝나는 것이 아니라 다른 세계와의 열림을 의미한다. 또한 그 사람과의 관계가 끝나면 그 세계와도 닫힘을 의미한다. 그 정리과정은 무척 번거롭다. 그러므로 사람과 사람 사이의 관계는 서둘러 형성할 것이 아니라 서서히 만들어가야 한다.

그가 덧붙여 말했어요.

"아저씨도 하늘에서 왔군요! 그럼 아저씨는 어느 별에서 왔는데요?"

순간 나는 수수께끼 같은 그의 존재에 대해 한 줄기 희미한 빛이 비치는 걸 알게 되었어요. 그래서 이렇게 물어보았죠.

"넌 다른 별에서 왔단 말이니?"

어린 왕자는 내 말에 대답하지 않았어요. 내 비행기를 바라보면서 조용히 고개를 끄덕일 뿐이었죠.

"그렇겠구나. 저 위에서, 넌 아주 먼 데서는 올 수 없었겠다……."

그리고 그는 오랫동안 생각에 잠겨 있었어요. 이윽고 그는 호주머니에서 양 그림을 꺼내 들면서 그 보물을 들여다보는 데 빠져들었어요.

진정한 만남은 서로가 좋은 것을 나누어 갖는 일이다. 소중한 물건, 소중한 이야기, 소중한 추억, 함께 공유한 모든 것이 소중한 그 무엇이 된다. 어린 왕자에게는 비행사가 무심코 그려준 상자가 보물이다. 보물이란 자기가 처한 상황에서 지금 자신이 가지고 있는 것 중에 가장 필요한 그 무엇이다. 보물이란 지정된 것이 아니라 자신이 정하는 것이다. 그러니 사람의 일을 판단함에 있어서도 그 사람의 입장을 고려해서 판단해야만 한다. 그렇지 않으면 자칫 오해할 수도 있고, 치명적인 마음의 상처를 줄 수도 있다. 상대를 평가하기 전에, 그리고 그에 관해 이야기하기 전에 먼저 자신의 마음을 가다듬어야 한다.

상대방의 기분에 맞게 말을 한다는 건 좋은 일이다. 자칫 잘못 말하면 상대방을 화나게 할 수도 있고 마음에 상처를 줄 수 있다. 말 한마디로 우리는 뜨거운 가슴을 나눌 수 있는 동지가 될 수도 있고, 돌이킬 수 없는 오해 때문에 평생을 담을 쌓고 사는 사이가 될 수도 있다. 가까이 사는 사람끼리 오해가 생기고, 서로가 외면하며 살아야 한다면 얼마나 괴로운 일인가.

사람을 제대로 평가한다는 건 참으로 어렵고 중요한 일이다. 뭔가 잘 보이지 않으면 안경을 쓴다. 그러면 사물을 잘 볼 수 있다. 그리고 좀 더 멀리 있는 것을 자세히 보려면 망원경을 동원한다. 그러면 멀리 보이던 물체들이 크고 자세히 보인다. 가까이 있는데도 보이지 않는 것은 현미경으로 보면 된다. 하지만 사람의 마음을 들여다 볼 수 있는 안경이나 도구는 없다. 그래서 우리는 타인의 마음을 더 알고 싶어 하고, 더 들여다보고 싶어 한다. 결국 사람의 마음은 진실이라는 마음을 통해서만 볼 수 있다.

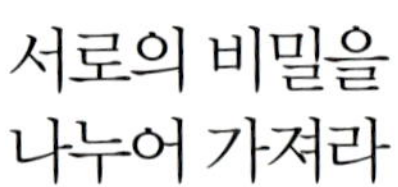

서로의 비밀을 나누어 가져라

나 혼자만 알고 있는 것, 그것을 우리는 비밀이라고 한다. 우리는 각자 남에게 하지 못한 말들을 품고 살아간다. 어느 누구든 자신의 전부를 말할 수는 없다. 그저 감추고 산다. 자의든 타의든 감추고 살았던 비밀을 누군가에게 털어놓는다면 그만큼 그와 나는 가까운 사이가 되어가고 있다는 신호이다. 가까운 사이, 친구란, 사랑하는 사람이란 자기들끼리의 비밀을 공유하는 관계이다.

어린 왕자는 밖으로 보이는 아이가 아니다. 이 세상에 존재하는 아이는 더더구나 아니다. 하지만 어린 왕자는 있다. 별을 사랑하고 우주를, 자연을 순박하게 믿고 있는 사람들의 마음 어디엔가 살아 있다. 작가는 그걸 믿고 싶었던 것이다. 그래서 과학적으로 증명이라도 된 것처럼 별의 번호까지 밝힌다.

그리하여 나는 아주 중요한 것을 알게 되었어요. 어린 왕자가 온 별은 겨우 집 한 채보다 큰 정도라는 것을요. 하지만 난 그리 놀라지 않았어요. 지구, 목성, 화성, 금성 같은 큰 행성들 외에도, 너무 작아서 망원경으로도 잘 보이지 않는 별들이 수백 개도 넘는다는 것을 알고 있었으니까요. 천문학자가 그 별들 중에서 하나를 발견하면 그는 이름 대신 번호를 부여해주죠. 예를 들면 '소행성3251' 이렇게 말예요.

어린 왕자의 별은 왜 하필 B612호일까? 어린 왕자가 살았던 별은 그가 혼자 산 별이다. 아무도 없는 곳에서 꽃을 벗하여 살았던 별, 그 별은 작가 자신의 우편기이다. 생텍쥐페리는《남방 우편기》에서 주인공이 타는 비행기를 612호로 기록하고 있다. 612호라는 것은 어른들을 향한 항의일 수도 있지만 그가 의도하는 무언가의 숫자임에 틀림없다. 작가가 어린 왕자를 만난 것이 '6년 전의 불시착' 때라고 했던 것을 연관 지어 보면 6이라는 숫자는 쉽게 나온다. 그가 사막에 불시착한 후 6년 후에 이 글을 쓰기 시작했으니까. 또한 상상력으로 세상을 보는 사람의 나이, 보이지 않는 것을 보는 아이의 나이를 흔히 6세까지라고 보는데 이 또한 6이라는 숫자이다.

그리고 굳이 A도 아니고 B612호라고 한 것은 별의 크기를 상징한 것일 수도 있다. 지구와 같이 큰 행성이 A류에 속한다면 그보다 작은 소행성은 B로 지칭할 수 있으니까 말이다.

생텍쥐페리 자신도 우편기를 타고 스스로 어린 왕자가 되어 하늘을 여행하며 세상을 느꼈다. 어린 왕자는 작가의 분신이기도 하고, 작가가 어린 왕자이기도 하다. 또한 그의 우편기는 다름 아닌 어린 왕자가 살고 있던 별이다. 그 별에서 어린 왕자가 되어 세상을 내려다보았다.

어린 왕자가 살았다는 별은 너무 작아서 우리의 육안으로는 볼 수가 없다. 왜 작가는 어린 왕자가 살던 별을 B612라고 지칭하는 걸까? 그 한 가지 이유는 어린 왕자 이야기가 허구가 아니라 실제라고 믿게 하려는 의도에서이다. 물론 어린 왕자 이야기를 억지로 믿으라는 건 아니다. 단순히 소설로 받아들이기보다는 어린 왕자를 통해 자신의 실제 이야기를 상징적으로 풀어놓고 싶은 이유에서다. 또 다른 이유는 어른들이 숫자를 좋아하기 때문인데, 숫자를 제시하면 어른들은 허구라도 곧잘 실제로 받아들인다는 것이다. 작가는 그런 어른들을 조소하려는 의도로 책에 소개한 숫자들을 비교적 세세하게 1단위까지 제시하고 있다.

어린 왕자의 두번째 비밀은 그의 별은 아주 작아서, 겨우 집채만한 크기라는 점이다. 어린 왕자가 살고 있던 별이 크든 작든 그게 중요한 건 아니다. 우리가 설령 어떤 무엇에 대한 정체를 모른다고 해도 중요하지는 않다. 망원경이나 현미경으로 볼 수 없으면 어떤가. 그 이상의 것, 그 이하의 것도 우리는 볼 수 있다. 우리는 마음으로 무엇이든 볼 수 있다. 존재하는 것이든 존재하지 않는 것이든 마음으로는 그 무엇이든 볼 수 있다. 그래서 우리는 보이는 것보다 보이지 않는 것을 더 중요하게 생각해야 한다.

사랑이란 것도 조금씩 서로를 알아가는 과정이다. 한꺼번에 다 알게 된 그런 사랑은 오래 지속되지 못한다. 조금씩 자라는 믿음의 키만큼 서로를 알아가는 과정이 서로간의 신뢰를 돈독하게 한다. 비행사와 어린 왕자 사이의 우정은 그렇게 조금씩 서로를 열어가는 과정임을 보여준다.

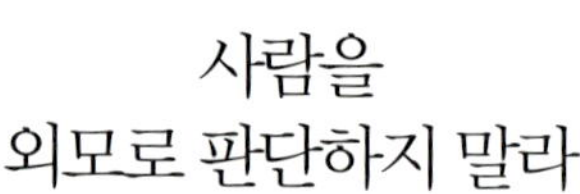

사람을 외모로 판단하지 말라

우리는 선입견을 가지고 사람을 판단하곤 한다. 그런데 이 편견의 기준은 외모 또는 옷차림 등에 의해 생겨난다. 잘 생기고 예쁘게 생긴 사람들을 보면 호감이 가고 착할 거라는 기대를 한다. 그리고 고급 승용차를 타고 다니는 사람을 보면 '돈이 많겠구나' 란 생각을 한다. 그런 편견이 우리의 판단을 흐리게 한다.

은행 문턱을 드나들 때도 어떤 차를 타고 가느냐에 따라 차별을 둔다고 한다. 아무리 멀쩡한 사람이라 할지라도 노숙자처럼 옷을 입고 있으면 노숙자로 생각할 뿐 그의 말을 신뢰하지 않는다. 이러한 현상은 우리가 사는 곳 어디에서나 다반사로 일어난다. 천문학자의 예에서 볼 수 있듯이 우리는 외모를 보고 상대를 판단한다.

《어린 왕자》에서 화자는 학문의 권위라는 것도 잘 포장되어 있을 때만 인정하는 사람들을 질타하고 있다. 편견은 선입관에서 비롯된다. 그것이 어른들의 세계이다. 어른들을 설득하기 위해서는 정확성을 가장한 숫자를 제시해야 한다. 저자가 이렇게 숫자를 정확하게 제시하는 이유는 어른들을 비아냥거리는 속내를 내비치는 일이기도 하고, 이 이야기가 단순히 동화가 아니라는 것을 강조하고 있다.

> 나는 어린 왕자가 소행성 B612에서 왔다고 생각하는데, 거기에는 그럴 만한 이유가 있어요. 이 소행성은 1909년 터키의 한 천문학자의 망원경에 단 한 번 잡혔을 뿐이에요. 그때 이 천문학자는 국제천문학회에서 자기가 발견한 행성에 대해 떠들썩하게 발표를 했죠. 그러나 그가 입은 옷 때문에 아무도 그의 말을 믿지 않았어요. 어른들은 언제나 그렇다니까요.
> 다행히 터키의 독재자가 소행성 B612의 명예를 위해서 그의 백성들에게 유럽식으로 옷을 입으라고 명령하고, 그렇지 않으면 사형에 처한다고 했대요. 천문학자는 1920년에 아주 우아한 옷을 입고 다시 발표를 하게 되었어요. 그러자 이번에는 모두 그의 의견을 받아들였어요.

천문학자의 옷차림이 우스꽝스럽다고 그의 학문적 권위도 인정하지 않았던 사람들, 그들은 다른 사람이 아니라 바로 우리 자신들이기도 하다. 천문학자가 옷을 바꿔 입었다고 해서 그의 발표내용이 달라지는 것도 아니다. 그러나 사람들은 전에 믿지 않았던 내용을 이번에는 받아들인다.

외모와 마음이 꼭 일치하는 건 아니지만 우리는 외모에 따라 사람을 판단하곤 한다. 대부분의 경우 얼굴 생김새를 보고 좋다거나 별로라고 사람을 판단할 수 있다. 사람을 밉게 보면 그 사람의 행위 모두가 미워 보이고, 곱게 보면 모두가 장점으로 보인다. 사람들이 외모를 보고 판단하기 때문에 콤플렉스를 느껴 그 사람의 행동이 더 나쁜 쪽으로 표출될 수도 있다.

반대로 외모가 좋아 보이는 사람은 자신에 대한 긍정적인 자아가 생겨 점점 더 좋아질 수도 있다. 사람들이 예쁘게 보면 거기에 걸맞게 살려고 노력하게 된다. 그러나 사람들이 밉게 보면 자기도 모르게 짜증난다. 그러니까 자꾸 그런 쪽으로 만들어져 간다. 물론 자기를 잘 극복하면 마음처럼 얼굴도 변한다.

문제는 콤플렉스이다. 콤플렉스는 자신을 어떻게 생각하느냐의 차이에서 생긴다. 내가 생각하는 자아와 실제의 내가 다를 때 생기는 괴리감이 콤플렉스이다. 당연히 콤플렉스는 갖지 않는 것이 좋다. 콤플렉스가 있는 사람은 세상을 제대로의 눈으로 보며 살 수 없기 때문이다.

옷차림, 외모, 또는 돈이 인격을 달라지게 하지는 못한다. 그런데도 우리는 대부분 겉으로 드러난 것을 보고 판단을 하곤 한다. 아무리 외모가 뛰어나도 머리에 든 것이 없으면 무식한 사람이다. 반면 아무리 외모가 보잘것없어도 속이 차 있으면 그는 훌륭한 사람이다.

상대의 배경을 보지 말고 내공을 들여다보라

우리는 사람을 만나거나 사귈 때 흔히 상대방의 배경을 주목한다. 그 사람의 조건이 자신에게 도움이 될 수 있는지를 은연중에 계산하고 있다. 이런 관계는 친구뿐 아니라 배우자를 선택하는 문제 등 모든 인간관계에서 일반적인 현상이다. 어린 왕자가 말했듯이 나이, 형제, 몸무게 등의 신체적인 조건, "아버진 얼마나 버니?"라는 식의 경제적인 조건을 묻는다. 어쩌면 바보온달 콤플렉스, 또는 신데렐라 콤플렉스라 할 수 있다.

내가 소행성 B612에 대해 이처럼 자세하게 늘어놓고, 그 번호까지 말해 두는 것은 다 어른들 때문이에요. 어른들은 숫자를 좋아하거든요. 여러분이 새로운 친구에 관해 어른들에게 말하면, 어른들은 본질적인 것은 물어 보지 않지요.

나이가 들어가면서 우리는 욕심을 더 키운다. 최대한 많은 재산을 모으고 그것으로 자기과시를 하려 애쓴다. 어떤 이는 돈을 버는 데 평생을 걸다가 제대로 써보지도 못한 채 세상을 등진다. 어떤 사람은 돈을 번 후에 다른 사람을 지배하는 데 돈을 쓴다. 돈은 인간이 만들어놓은 것인데도 불구하고 인간을 치사하고 비참하게 만들기도 한다. 우리는 이러저러한 이유로 돈에 대한 숫자에 민감해지고 숫자놀음에 몰두하곤 한다.

이 숫자놀음으로 우리는 남을 속이고, 스스로 착각에 빠지기도 한다. 우리가 살고 있는 이 세상은 불가피하게 숫자에 의해 지배당한다. 숫자를 채우기 위해 우리는 서로 거래를 하고, 대가를 지불하고, 임금을 받곤 한다. 말을 하지 않고는 단 하루도 살 수 없듯이 어떤 형태로든 이 숫자놀음이 없이는 단 하루도 살아갈 수 없다. 그러나 그런 식의 접근으로는 조건부 친구, 비즈니스 상대를 만날 수는 있지만 진정한 친구나 진정으로 사랑하는 사람을 만날 수는 없다. 사람을 보는 자기 기준을 제대로 잡아야 진정한 사람을 만날 수 있다.

"그 애의 목소리는 어떻든? 그 애가 좋아하는 놀이는 뭐야? 그 애도 나비를 채집하니?"

절대로 어른들은 이렇게 묻는 법이 없어요.

"그 앤 나이가 몇이냐? 형제들은 몇이나 되니? 몸무게는 얼마지? 그 애 아버진 돈을 얼마나 버니?"

어른들은 기껏 이런 식의 질문만으로 그 친구에 대해 죄다 알고 있다고 생각하지요. 만일 여러분들이 어른에게 이렇게 말한다면, 어른들은 그 집을 상상해내지 못할 거예요.

"나는 아주 아름다운 장밋빛 벽돌집을 보았어요. 창문에 제라늄이 있고, 지붕 위에 비둘기가 있는……."

그들에겐 차라리 이렇게 말하는 편이 나아요.

"나는 십만 프랑짜리 집을 보았어요."

그때야 비로소 그들은 탄성을 내지르지요.

"얼마나 멋진 집일까!"

어른들은 직접적인 것, 현시적인 것에만 관심이 있다. 하지만 아이들은 어른들보다 더 철학적이고 본능적인 것에 관심이 많다. 철학의 시작은 '왜' 라는 물음에서 출발한다. 그래서 아이들은 처음 대하는 사람에게 "What does his voice sound like? What games does he love best?" 라는 본질적인 질문에 관심을 갖는다. 반면 어른들은 수치에 대한 관심이 많다. 그래서 그들은 이렇게 질문한다. "How old is he? How many brothers has he? How much money does his father make?" 라는 식이다.

아이들은 'what' 에, 어른들은 'how' 에 더 관심이 있다. 어른들의 관심은 대상을 수치화하는 데 있다. 그 어른들의 관심은 숫자에 있다. 그들은 그러한 시각으로 사람들과 세상을 보려 한다.

우리 주위에는 온통 숫자뿐이다. 우리가 살아 있는 순간들도 모두 숫자로 기록된다. 우리는 가진 것들 모두를 숫자로 기억한다. 누구를 만나는 횟수도 숫자로 기록하고, 과거와 현재와 미래의 약속도 온통 숫자에 매달려 그 숫자에 얽매여 산다. 어느 정도의 숫자를 정해놓고 모자라면 채우려 애쓰고 남으면 버리거나 나누어주려 한다. 하지만 삶에 있어서 숫자는 필수 요소가 아니다. 우리가 숫자를 기억한다 해도 어차피 때가 되면 우리는 그 숫자를 버려둔 채 떠나야만 한다.

수에 대한 관념이 없는 사람은 무능한 사람 취급을 당하곤 한다. 그래서 우리는 어려서부터 덧셈을 배우고, 구구단을 외운다. 그러다가도 너무 숫자를 따지면 인간적이지 못하다고 한다. 어른들은 숫자에 강한 사람을 총명한 사람으로 생각한다. 그래서 정확하게 수치를 대며 이야기를 하는 사람을 똑똑한 사람, 정확한 사람으로 신뢰한다. 정확하게 수치를 말하거나, 개수를 숫자로 명시하면 그것을 사실로 진지하게 받아들인다.

우리는 늘 숫자를 헤아리며 산다. 그러나 우리가 살아온 지난날의 숫자는 헤아리면서 다가오는 미래의 숫자는 망각하며 살곤 한다. 미래의 숫자는 자신에겐 닥치지 않을 것으로 생각한다. 사실 우리에게 남아 있는 것은 미래일 뿐이다. 그 숫자가 얼마나 남아 있는지는 아무도 모른다.

우리가 지난날의 숫자를 다 지워버릴 수만 있다면 우리는 완전히 0의 상태가 될 수 있을 것이다. '0' 이란 숫자는 우리에게서 완전히 지워져 '무' 의 상태가 됨을 의미한다. 누군가를 우리의 기억에서 지워버린다는 건 그를 우리 속에서 죽여버리는 것이며, 그와의 관계가 0으로 돌아가는 것을 의미한다.

우리가 관계맺기에 투자한 시간이 0의 상태가 되지 않도록 하기 위해선 사람을 수치화하지 않고, 조건을 수치화하지 않고, 상황을 수치화하지 말아야 한다. 그 자리에 순수하게 상대에 대한 관심을 놓아야 한다. 그래야 우리는 진정한 사랑과 우정을 만들고 유지할 수 있다. 만나는 과정도 만나는 시간도 소중하게 여겨야 한다. 어른이 되어간다는 것은 숫자 속에 갇혀 가는 과정이다. 그러나 그 무엇보다도 서로 이해하며 공존하는 방법이 무엇인지를 알아야 한다. 유한한 인간이 아름답게 살 수 있는 방법은 상대방을 인정하고 배려해주는 것이다.

공동의 관심사를 찾아라

만남에 있어서는 그 사람의 생활 조건, 또는 배경보다는 그 사람과 취향이 같으냐가 더 중요하다. 상대를 만날 때 자신에게 득이 되길 바라기보다는, 내가 그에게 도움 될 일이 없을까를 생각하는 것이 성숙한 삶이다. 누구에게 덕을 보며 살아가기보다는, 내가 누군가에게 도움이 될 수 있는 것이 우리를 더 기쁘게 한다.

아이들은 사물 자체를 본질적으로, 그냥 보이는 대로 말하고 그렇게 느낀다. 그것이 유치해 보일 수는 있지만 가끔 우리를 깜짝 놀라게 만든다. 어른들은 세상에 대한 관심사가 온통 숫자놀음이다. 그것이 행복의 조건으로 인식되며, 성공의 조건으로 인식된다. 그러나 우리가 이 땅을 떠나는 때에 비로소 진실을 깨닫는다. 그토록 가지려 했던 그 모두가 나의 것이 아니었음을, 내가 그토록 모아 두었던 짐들이 영원히 나의 것이 아니었음을 알게 된다. 결국 아이의 마음으로 돌아가는 순간 우리는 드디어 진정한 어른이 된다.

진정한 인간관계를 맺으려면 모든 것을 있는 그대로 느끼고, 있는 그대로 표현하는 순진무구함이 우리의 진정한 본질임을 깨달아야 한다. 우리가 시행착오를 겪으면서 인간적 진리를 잃고 있는 것은, 살아가면서 점점 마음을 닫고 살기 때문이다. 더불어 사는 사람들의 면면을 전체로 보려하지 않고 관련된 단면만을 보려 하기 때문이다. 그리고 그것만 가지고 상대를 평가하기 때문이다. 어른이 된다는 것, 뭔가를 배워간다는 건 자신을 그 틀 안에 가두는 것이다. 앎의 세계가 자신의 세계를 넓혀가는 것이 아니라 오히려 앎이란 틀 속에 자신을 가두고 있다.

> 여러분은 어른들에게 이렇게 말할 수도 있어요.
> "어린 왕자가 존재했다는 증거는 그 애가 멋있었고, 그 애가 웃었고, 그 애가 양을 갖고 싶어 했다는 것이에요. 누군가가 양을 갖고 싶어 한다면, 그것은 누군가가 존재한다는 증거예요."
> 하지만 그런들 무슨 소용이 있겠어요. 어른들은 어깨를 으쓱하며 여러분을 어린아이로 취급할 테지요. 하지만 "그가 온 별은 소행성 B612예요."라고 말하면 어른들은 곧 알아들을 거예요. 질문 따위를 늘어놓으며 여러분을 귀찮게 하지도 않을 거고요. 어른들은 언제나 이런 식이라니까요.

살아갈수록 왜 우리의 눈망울은 흐릿해질까. 어렸을 적 단순하고 깨끗한 마음은 어디로 숨어버린 걸까? 이 세상은 혼자서 살 수 있는 세상이 아니다. 그래서 사람들 틈에서 먹을 것, 입을 것, 즐길 것들을 취하기 위한 경쟁이 불가피하다. 그러다 보면 때로는 나를 둘러싸고 있는 이들이 적으로 느껴지기도 한다.

우리는 가끔 자기 존재에 대한 사고를 한다. 삶이란 진정 무엇이며, 내게 주어진 삶을 어떻게 가꾸어 가야할지 생각한다. 그리고 우리를 둘러싸고 있는 이들을 생각한다. 그러다 진정 사람의 아름다움은 외형이 아니라 보이지 않는 마음이라는 생각에 이르기도 한다.

바다가 그 깊은 곳에 아름다운 물고기와 산호들을 감추고 있듯이, 우리의 아름다움도 진정 보이지 않는 마음속에 있다. 마음으로 만나는 이들의 관계는 아름답게 오래 지속된다. 반면 외모로만 호감을 가지고 이루어진 만남은 쉽게 실망을 할 수도 있다. 아름다운 것은 눈에 보이지 않기에, 마음으로 만나는 사람들이 아름답다. 그러므로 우리는 타인을 볼 때 외모를 보고 그 사람을 판단할 것이 아니라 그에게 마음으로 다가가 그의 마음을 느껴야 한다.

물론 인생을 이해할 줄 아는 우리들은 숫자 같은 것은 대수롭지 않게 여기지요. 나는 이 이야기를 동화식으로 시작하고 싶었어요. 이렇게 말예요.

"옛날에 자기보다 조금 클까말까 한 별에 어린 왕자가 살고 있었어요. 그는 친구가 필요했어요. 그래서……." 인생을 이해하는 사람들에게는 이런 식의 이야기가 훨씬 더 진실하게 느껴질 거예요.

우리가 누군가에게 "너를 기억할게!"라고 말하는 건, 그를 사랑한다는 의미다. 잊겠다는 말은 그를 마음에서 없앤다는 무서운 말이다. 우리는 살아가면서 사람을 만난다. 기억에 남기고 싶은 사람이 있고 기억에서 완전히 지워버리고 싶은 사람도 있다. 기억에 남기고 싶은 사람이 많다면 그는 성공적으로 세상을 산 사람이다. 누군가의 기억에 남아 있는 삶을 살았다면 그는 인생을 잘 살고 있는 사람이다. 우리는 모두 누군가에게 좋은 기억으로 남고 싶어 한다. 또한 좋은 기억으로 남을 사람을 만나고 싶어 한다.

왜냐하면 나는 사람들이 내 책을 가볍게 읽어버리는 것을 원치 않기 때문이에요. 이제 그 추억을 이야기하려니 깊은 슬픔이 느껴져요. 내 친구가 그의 양과 함께 떠난 지도 벌써 6년이 되었군요. 내가 여기에 다 묘사하려는 것은 그를 잊어버리지 않기 위해서예요. 친구를 잊어버린다는 것은 슬픈 일이죠. 모든 사람들이 다 친구를 갖는 것은 아니잖아요. 그를 잊는다면 나도 이제는 숫자에만 관심이 있는 어른들처럼 되어버릴 수도 있어요.

누군가를 쉽게 잊는다는 건, 누군가를 기억에서 지울 수 있다는 건 숫자에만 관심을 가진 어른으로 변했다는 의미다. 사람과의 관계를 오래 지속하려면 그 만남 자체로 의미를 삼아야 한다. 그 의미 각각을 숫자로 수치화해서는 안 된다. 수치화로 그 만남을 평가한다는 것은 이미 이기적인 관계로 변했다는 것을 의미하기 때문이다. 우리에겐 보다 인간적인 순수한 만남, 순수한 관계, 때 묻지 않은 아이들의 그런 관계의 회복이 필요하다는 것을 어린 왕자는 가르쳐준다.

기억에 남아 있다는 것은 이미 지나버린 추억이다. 그래서 추억은 아름답다. 누군가 우리 곁을 떠나고 나면 그를 그리워한다. 누구나 뭔가를 소유하고 있을 땐 그 소유물의 소중함을 모른다. 하지만 막상 그것을 잃거나 버리고 나면 그 소중함을 알게 된다. 곁에 있는 사람의 소중함을 우리는 종종 느끼지 못한다.

친구란 우연히 만나 저절로 사귀는 것처럼 느껴지지만, 그가 나에게 친구라는 이름을 갖기까지는 많은 시간이 필요했고, 익숙해지기까지에도 서로의 마음을 읽고 맞추어주려는 노력이 필요했다. 그렇게 쉽지 않게 이루어진 만남이기에, 쉽게 친구를 보낸다는 건 커다란 손해이다. 우리는 모든 만남을 잘 관리할 줄 알아야 한다. 친구는 상점이나 시장에서 살 수 있는 물건이 아니기 때문이다. 어떤 이유로든 그 사람이 떠나고 보면 그 빈자리가 엄청나게 크게 느껴지는 법이다. 그리워지기도 하고 소중하게 느껴지기도 한다. 우리에게 소중한 것은 지금 옆에 있다.

마음의 눈을 뜨고 세상을 봐야만 한다. 그렇지 않으면 세상이, 아니 삶이 무의미하다. 의미 있게 살아가려면 마음의 눈을 뜨고 자신을 돌아보며 살아야 한다. 자신을 용서한다는 건 좋은 일이다. 자신을 용서하려면 적어도 자신의 잘못을 알아야 하니까. 자신을 용서할 줄 알아야 상대에 대한 배려도 가능해진다. 그것이 상대를 이해하는 첫걸음이다.

☆

사소한 것이라도 배려하고 이해하라

물 한 방울 한 방울이 모여 도랑을 이루고 도랑이 모여 내가 되고 내가 모여 강이 된다. 사막에는 수많은 모래알이 있지만 그 모래알 한 알 한 알이 모여 사막이란 이름을 얻는다. 마찬가지로 세포들이 하나하나 모여 우리의 몸이 된다. 무엇이든 아주 작은 것에서부터 시작한다는 말이다. 따라서 작은 것은 그만큼 소중하다.

지금 우리 마음속에는 무엇이 숨어 있을까. 미움이 숨어 있을까, 사랑이 숨어 있을까. 우리 마음속에는 온갖 것들이 숨어 있다. 이를테면 좋은 씨앗과 나쁜 씨앗이 공존하고 있다. 다만 마음속에 숨어 있어서 보이지 않을 뿐이다. 마음을 지배하는 주인인 우리가 어떻게 하느냐에 따라 보이지 않던 씨앗들은 나타난다. 우리가 어떤 씨앗에 숨을 불어넣느냐에 따라 씨앗은 싹을 틔운다. 우리는 악하지도 선하지도 않다. 역으로 악하기도 하고 선하기도 하다. 어느 쪽으로 치우치느냐는 순전히 우리의 몫이다. 우리 마음을 지배하는 것은 바로 우리 자신들이다.

"나는 어린 왕자의 별, 그 별을 떠나온 사연, 그의 여행 등에 대해 날마다 조금씩 알게 되었어요. 우연히 자연스럽게 흘러나온 이야기를 듣고 알게 된 것들이죠. 그러다가 사흘째 되는 날 바오밥나무의 비극을 알게 되었던 거예요."

이 바오밥나무는 여러 상황을 상징적으로 보여준다. 우선 처음엔 작은 씨앗으로 출발하지만 나중에는 작은 별을 망쳐버릴 수 있는 악의 화신을 나타낸다. 아니면 장미의 씨앗일 수도 있다. 현실에 적용한다면 프랑스를 송두리째 먹어버리려는 독일을 상징하기도 한다.

예수께서 제자들에게 한 이야기 중에 겨자씨의 비유가 있다. 아마도 겨자씨는 배추씨만큼이나 작은 씨앗인가 보다. 그 씨앗은 나중에 아주 커다란 나무가 된다. 마찬가지로 바오밥나무도 아주 작은 씨앗에서 시작해 커다란 나무가 된다. 바오밥나무는 열대지방에 가면 볼 수 있는데, 최대로 크면 둘레가 20미터를 넘으며 5000년 이상 된 고목도 있다고 한다.

우리는 사소한 일을 별것 아닌 것으로 치부하는 경우가 종종 있다. 하지만 세상 모든 시작은 사소한 일이다. 부부간에 일어나는 싸움도 별것 아닌 일로 시작돼서 이 줄기 저 줄기에서 감자가 뽑혀져 나오듯이 싸움거리가 될 만한 것들이 뽑혀져 나온다. 그러다 큰 싸움이 되고, 미움이 일어나고 이혼까지 한다. 사소한 일에도 정성을 들여야 한다.

사실 어린 왕자의 별에는 다른 별이 그렇듯이 좋은 풀과 나쁜 풀이 있었대요. 그러니 좋은 풀이 맺는 좋은 씨와 나쁜 풀이 맺는 나쁜 씨가 있는 거지요. 그러나 씨앗들은 보이지 않아요. 씨앗들은 땅 속 비밀스러운 곳에서 문득 깨어나고 싶을 때까지 잠을 자죠. 그런 다음 씨앗은 기지개를 켜고 태양을 향해 머뭇거리는 듯하다가 그 아름답고 연약한 새싹을 수줍은 듯이 내미는 거예요.

어떤 씨앗을 싹틔우느냐는 우리 각자에게 달려있다. 많이 화를 내고 미워하고 증오하면 미움의 싹이 트고 자란다. 사랑의 씨를 싹틔우고 싶다면 세상을 향해 마음을 열고 사랑의 눈으로 세상을 보아야 한다. 그러면 우리 마음속에서 사랑의 싹이 쏘옥 고개를 내밀고, 세상의 모든 것을 아름답게 보게 해준다.

해서는 안 되는 일, 하지 말라는 일은 참 하고 싶고 재미가 있다. 반면 해야 될 일과 하라는 일은 하기가 싫다. 나쁜 일은 할수록 신이 나고 재미가 있다. 그래서 나쁜 일에 손대기 시작하면 점점 더 끝없이 이어지고 점점 커진다. 그런데 하지 말라는 일, 해서는 안 되는 일은 자기에겐 우선 도움이 될 수도 있지만 주위 사람들에겐 해가 된다. 남에게 해를 끼치는 일을 하고 싶은 생각은 아예 자라지 못하게 해야 한다. 그런 생각이 자라면 은연중에 행동으로 나타난다. 그때부터는 걷잡을 수 없다. 우리는 우리 마음에 정당한 씨앗을 심고 그 씨앗이 자라게 해야 한다.

좋은 풀이 맺는 좋은 씨와
나쁜 풀이 맺는 나쁜 씨가 있는 거지요.

무나 장미나무의 어린 싹이라면 마음껏 자라도록 내버려두어도 괜찮아요. 그러나 나쁜 식물의 싹이라면 발견한 즉시 뽑아버려야 해요. 그런데 어린 왕자의 별에는 무서운 씨가 있었어요……. 바로 바오밥나무의 씨였죠. 그 별의 흙은 온통 바오밥나무 씨 투성이였어요. 바오밥나무는 너무 늦게 손을 쓰면 없애버릴 수 없잖아요. 나무가 온 별을 다 차지하고, 나무뿌리는 별 깊숙이 구멍을 뚫고 말죠. 게다가 별이 너무 작아서 바오밥나무가 자꾸 많아지면 산산조각이 날지도 몰라요.

우리 마음속에 싹트고 있는 씨앗의 좋고 나쁨을 스스로는 잘 모를 수 있다. 그것은 사회 규범이, 도덕이, 교육이 알려준다. 우리는 우리 자신뿐 아니라 다른 사람도 지켜보아야 한다는 의미다. 그래서 다른 사람이 그릇되게 행동할 때는 처음부터 잘 이끌어줘야 한다. 한 사람의 잘못은 별것 아닌 것 같지만 차후에는 그 사람이 속한 사회가 썩어간다. 우리 손끝에 눈에 보일 듯 말 듯한 가시가 박혀 있다면 그것은 언젠가는 그 부위가 곪아서 우리를 아프게 하기 때문에 덧나면 잘라내야 한다. 그래서 사회 또는 나라마다 규율이 있고 법이 있다. 착하고 여린 사람은 법 없이는 살 수 없다. 오히려 강하고 폭력적인 사람들은 법 없이도 살 수 있다. 법은 지켜야 한다. 그것이 때로 우리를 불편하게도 하지만 그 불편함 때문에 서로 어울려 살 수 있다.

"그건 규율의 문제에요. 아침 몸단장이 끝나면, 별도 몸단장을 해줘야 해요. 바오밥나무도 규칙적으로 뽑아야 하죠. 어렸을 때는 장미나무와 아주 비슷하지만, 구별할 수 있게 되면 즉시 뽑아버려야 해요. 아주 귀찮은 일이지만 그게 쉬운 일이에요."

사소한 하나하나가 우리의 관계를 지배한다. 상대가 원하지 않는 일을 하지 않고, 상대를 위해 때로는 내가 하고 싶은 말이나 행위를 포기하는 것도 필요하다. 이를테면 관계에는 명시되어 있지 않아도 나름의 규율이 있어야 한다. 그런 규율에 익숙해지면 우리는 서로 편안한 관계로 지낼 수 있다. 처음엔 어색하고 어렵지만 습관화되면 그다지 불편하지 않나. 습관이란 그래서 좋다.

어른들은 나에게 속이 보였다 안 보였다 하는 보아뱀 그림 같은 건 제쳐두고 차라리 지리나 역사, 산수, 문법에 흥미를 가져 보라고 충고해주었어요. 그래서 나는 내 나이 여섯 살 적에 화가라는 멋있는 직업을 포기해야 했죠. 내 그림 제1호와 제2호의 실패로 용기를 잃었던 거예요. 어른들은 스스로는 아무것도 이해하지 못해요. 그래서 그때마다 매번 설명을 해주어야 하는데 이건 피곤한 일이에요…….

나는 다른 직업을 골라야 했어요. 그래서 비행기 조종을 배웠지요. 나는 세계의 여기저기 꽤 많은 곳을 비행했어요. 그리고 정말로 지리는 내게 많이 쓸모가 있었어요. 그 덕분에 한눈에 중국과 애리조나를 구별할 수 있었으니까요. 밤에 길을 잃었을 때도 지리는 아주 유용하거든요.

PART 6

다양한 직업을 가진 사람들과의 만남

나는 살아오는 동안 진지한 사람들과 많이 접촉을 했어요. 나는 오랫동안 어른들과 함께 살았죠. 그리고 그들을 아주 가까이에서 보아왔어요. 그렇다고 내 의견이 크게 달라지지는 않았어요. 나는 좀 영리해 보이는 사람을 만날 때면, 항상 품고 다니던 내 그림 제1호를 꺼내 시험해 보곤 했어요. 그가 정말 이해력 있는 사람인지 알고 싶었던 거예요. 그러나 늘 이런 대답이 돌아왔죠. "그건 모자로군." 그러면 나는 보아뱀 이야기도 처녀림 이야기도 더는 하지 않았어요. 나는 그가 알아들을 수 있는 다리, 또는 골프이야기, 성지 이야기, 넥타이 이야기를 했어요. 그러면 그 어른은 분별 있는 사람을 알게 되었다고 아주 만족해하는 것이었어요.

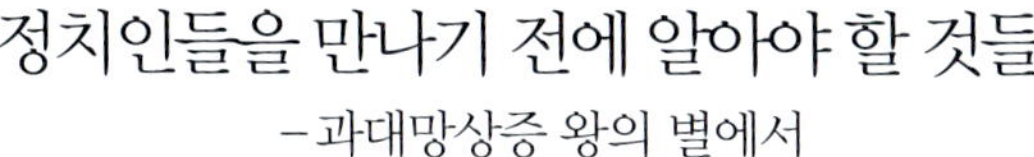

정치인들을 만나기 전에 알아야 할 것들

–과대망상증 왕의 별에서

어린 왕자가 별 여행 중 처음에 도착한 별은 과대망상증 왕 혼자 살고 있는 별, 325호였다. 어린 왕자는 자기 별에서 장미와의 작은 트러블로 별을 나섰다.

생텍쥐페리는 "산의 푸르름을 바라보려면 산으로 오르는 오솔길에서 벗어나 잠시 정상을 바라보아야 하고, 온전한 사랑을 유지하기 위해서는 사랑에도 휴가가 필요하다"고 말하면서 아내와의 사랑의 휴가를 선언했다. 그들의 사랑에도 일정한 수리 기간이 필요했다. 사랑은 살아 있는 것이어서 너무 한 곳에 고여 있으면, 일상처럼 반복되면 고장나기 십상이다. 작가 자신이 아내와의 사랑에 수리기간이 필요했던 것처럼 어린 왕자도 장미와의 사랑을 수리할 시간이 필요했다.

과대망상증 왕–정치인의 표상

어린 왕자가 찾아간 첫번째 별은 붉은 천과 흰색 수달피로 옷을 지어 입은 과대망상증 왕이 사는 나라이다. 백성도 없고 신하도 없는데 왕 노릇을 하겠다는, 어쩌면 정신이 이상한 듯 보이는 왕이 살고 있는 별이다. 여기서 우리는 권력이 중요한 것이 아니라 권위가 중요하다는 것을 배운다. 이 땅의 권력자들을 풍자적으로 보여주고 있다.

사람은 누구나 동등한 인격과 생명을 가진 존재들이다. 그럼에도 불구하고 우리는 서로를 지배하려 애쓴다. 권력을 쥔 자는 그것을 이용하여 자신의 안일을 추구하고 부를 축적한다. 반면 소위 백성이라 일컬어지는 민초들은 그들의 뒤에서 박수나 쳐주고 연호한다. 그러고 나서 얻어진 결과가 훌륭할 때는 그 모든 영광이 권력을 가진 자에게 돌아간다.

반면 잘못되어 물질적으로 또는 정신적으로 입게 되는 손해는 고스란히 보잘것없는 민초들에게 돌아온다. 그러면서도 우리는 선거 때가 되면 지도자를 뽑아야 한다. 그자가 엄청나게 백성을 괴롭게 만들 사람일지라도 우리는 누군가를 선택해야 한다. 우리는 또다시 그들의 이름을 연호하며 박수를 쳐야 한다. 고귀한 한 표를 던지는 민초들 중에 아사하는 사람은 있어도, 권력 있던 이들이 비참하게 연명하는 경우를 들어본 적이 없다. 회사가 망하면 직원들만 거리로 나앉고, 나라가 거덜나면 국민만이 궁민이 된다.

진정한 리더는 누구나 동등하다는 의식을 가져야 한다. 사랑으로 가르치고 사랑으로 통제하면 스스로 섬기는 자가 될 수 있다. 타인에 대한 지배에서 봉사로 전환하는 첫걸음은 약자의 가려운 곳을 긁어주는 일이며 그들을 이해하는 일이다. 약자가 하고자 하는 일을 하게 해주는 것은 상대에 대한 배려이다. 자기의 의견에 상충된다고 해서 무조건 금하는 것은 독재이다.

따라서 정치인을 만나려면 우선 그 부류는 과대망상에 빠진 이들임을 알고 만나야 한다.

관용만능주의

권력자의 특징 중 하나는 자기합리화이다. 자신의 명령이 합리적이지 않을 때도 이를 수정하기보다는 합리화한다. 자신의 실수를 인정하지 않으려 한다.

어린 왕자가 만난 왕도 우선 명령부터 내린다. 그 명령이 불합리한 것임을 알고도 과오를 인정하기보다는 합리화하기 위한 구실을 찾아낸다. 아무리 권력을 많이 가진 사람이라 할지라도 해야 할 명령과 해서는 안 되는 명령이 있다. 이를 구분하지 못하면 과대망상에 빠지는 권력자가 되고, 이를 합리화하기 위해 관용만능주의에 빠진다. 그런 관용을 베푸는 입장에서는 베풀었다는 의식을 갖는다. 하지만 받아들이는 입장에서는 그를 무능한 권력자로 치부한다. 우리 주위에서도 그런 정치가들을 얼마든지 만날 수 있다.

왕은 왕 노릇을 할 수 있게 되자 뿌듯해서 말했어요.

어린 왕자는 앉을 자리를 찾아보았지만 별은 그 화려한 담비털가죽 망토로 온통 덮여 있었어요. 그래서 어린 왕자는 그냥 서 있었죠. 그러고는 피곤해서 하품을 했어요.

"왕 앞에서 하품을 하는 것은 예의에 어긋남이니라. 짐은 그대에게 이를 금하노라."

"어쩔 수 없어요. 오랫동안 여행을 하느라 잠을 못 잤거든요……."

어린 왕자는 당황해하며 대답했어요.

"그러면 짐은 그대에게 하품을 하도록 명하노라. 여러 해 전부터 하품하는 사람을 본 적이 없으니 짐으로서는 하품이 신기한 것이로다. 자, 다시 하품을 하여라. 명령이다."

왕이 말했어요.

"그렇게 말씀하시니 겁이 나요…… 더 이상 하품이 나오질 않아요……."

어린 왕자가 말했어요.

상황이, 주어진 여건이 사람을 이끌어갈 때가 많다. 언제나 군림했던 사람은 누구를 보든지 아랫사람으로 생각하며, 누구에게나 섬김을 받으려 한다. 섬김 받는 것을 자랑스럽게 여긴다. 자신이 누군가를 섬긴다는 것은 용납되지 않는다. 자기중심적으로만 생각한다. 때문에 자신의 행동은 모두 자기합리화가 되고 모두 옳은 듯이 느껴진다.

권력은 자신의 힘과 조직으로 가질 수 있다. 하지만 그 권력은 자리에 의해 유지될 뿐이다. 그가 그 자리를 내려오는 순간 권력은 이미 떠나가고 만다. 권력이란 유한하다. 그럼에도 불구하고 사람들은 권력에 대한 진한 유혹을 갖는다. 권력은 자신을 돋보이게 하고 자신을 보호하고, 무엇이든 자신이 원하는 대로 힘을 부여받는다.

반면 권위란 자신의 힘과 조직으로 얻을 수 없다. 권력은 스스로의 힘으로 취할 수 있지만 권위란 주위에서 만들어주는 것이기 때문이다. 권위는 무엇보다도 주위의 신망을 얻어야만 하고, 결정적 하자가 없는 한 자리와는 무관하게 일정한 영향력을 갖는다. 진정한 리더는 권력과 함께 권위를 가져야 한다.

어린 왕자가 처음으로 도착한 별에서 만난 왕은 그나마 합리적이다. 왕은 어린 왕자가 그 별을 떠나려 하자 대사로 임명한다. 이는 어린 왕자가 어디에 가든 자신의 신하인 셈이기 때문이다. 자신이 할 수 있는 일과 할 수 없는 일을 구분하고, 순리를 따르는 지혜라도 있었다. 노력으로 해결할 수 있는 문제가 있고, 아무리 노력을 해도 해결할 수 없는 문제가 있다. 그 일들 중에는 시간이 해결해주는 경우가 많다. 슬기로운 리더는 이렇게 시대의 조류를 읽고 그 시대에 맞는 리더십을 갖출 줄 안다.

하지만 인간은 언제나 모든 문제를 앞당겨 해결하고, 가질 수 없는 것을 가지고 싶어 하고, 가져서는 안 되는 것마저 가지려 하고, 되지 않을 일도 억지로 하고 싶어 한다. 그렇기 때문에 이 세상엔 다툼이 일어나고 전쟁이 일어난다. 이러한 욕심의 최상층에 권력이 있다.

권력의 속성은 인간에게 달콤한 유혹을 던진다. 권력의 달콤한 유혹은

최초의 인간인 아담과 이브로부터 시작되었다. 그들은 평화롭고 행복하게 에덴동산에서 살았다. 그런데 뱀의 꼬임으로 선악과를 먹었다. 그 과일을 먹으면 눈이 밝아져서 하나님처럼 된다는 달콤한 유혹 때문이었다.

이처럼 권력의 유혹은 달콤하다. 누구처럼 되어 이 세상을 내 마음대로 할 수 있다니 유혹 당해보고 싶은 일 아니겠는가! 권력을 일단 쥐고 나면 돈을 얻을 수 있다. 권력이 있으면 노력 없이 많은 부를 축적할 수 있다. 권력에서 물러난 후에도 그 힘을 유지하기 위해 돈을 거머쥐고 있다. 그들에게 권력이 없다면, 돈이 없다면 우리보다 나을 것이 없음을 그들은 동물적인 감각으로 알고 있다.

권력만능주의와 권위

어린 왕자가 만난 왕은 실상 그다지 권력이 있는 것도 아니고, 더구나 권위를 가질 수도 없는 처지였다. 아무리 왕이라 해도 수하에 사람이 없다면 권력을 행사할 수 없다. 수위에 사람이 없으니 사람들의 존경으로 만들어지는 권위란 더더구나 가질 수 없었다. 그런 왕이 왜 하필이면 어린 왕자의 첫 만남일까? 권력이란 아무리 작다할지라도 그 부작용이 지대하다는 것을 보여주기 위함이다.

사람은 일단 어떤 자리에 앉으면 그 자리에서 할 수 있는 일을 하려 하고, 그 힘을 이용하려 한다. 사람이 자리를 만들고, 자리가 사람을 만든다. 이 왕도 다른 사람들과 마찬가지로 주변 분위기를 자리에 걸맞게 만들어 놓고 폼 재기를 하고 있다. '호랑이가 없는 곳에서는 토끼가 왕' 이라는 말이 있듯이 우리가 사는 세상은 언제 어디서나 지배하는 층이 있고, 그 수하에 있어야 하는 층이 반드시 있다.

어린 왕자가 방문한 여러 별들 중에 첫번째 별은 왕을 직접 만날 수 있는 별, 325호였다. 어린 왕자라는 이름에 걸맞게 나중에 훌륭한 왕이 되기 위해 왕을 직접 만날 수 있는 별이 첫번째 방문지가 되었을 것이다.

우리는 살아가면서 예의라는 것을 배운다. 상하관계에서 지켜야 하는 것도 예의이며, 수평적인 관계에서 지켜야 하는 사람의 도리도 예의이다. 하지만 그 예의라는 것은 강요하는 것이 아니라 자발적이어야 한다. 우선 서로를 존중하는 마음에서 출발할 때 그 예의는 아름답다. 자리에 따라 사람을 평가하기보다는 인간이 가진 고유한 인격을 우선 존중해야 한다. 자리란 오르기도 하고 내려오기도 하는 것이므로 우리 인간에게 본질적인 것이 아니라 부차적인 것이다.

사람이 모두 동등하다는 인식을 가질 때 진정한 왕이 될 수 있다. 지배하는 위치에서는 타인에 대한 지배보다는 수하에서 즐겁게 받들 수 있는 분위기를 만들어 줄 정도로 존경받을 만한 사람, 자리에 걸맞는 사람이 되어야 한다. 그러기 위해서는 약자의 가려운 곳을 긁어주고 또 이해해야 한다.

권력이란 힘으로 얻는 것이며, 힘이 있을 때에만 통한다. 그리다가 그 힘이 소진되면 보잘것없는 것으로 전락한다. 그러므로 권력을 남용한다든가 권력만능주의에 빠져선 안 된다. 그 대신 진정한 힘을 가지려면 권위를 가져야만 한다. 권력은 힘이 빠지면 없어지지만 권위란 항상 유지

된다. 진정한 실력은 권력을 갖는 것이 아니라 권위를 갖는 것이다.

사람은 대개 자신의 입장에서만 생각한다. 그러니까 자신의 행동은 모두 자기합리화를 하고 모두 옳다고 느낀다. 그것이 우리가 빠지기 쉬운 오류 중 하나이다. 사람이 사람을 지배한다는 건 그리 기분 좋은 일이 아니다. 가급적이면 자기 일은 자기가 하는 것이 좋다. 물론 살다보면 우리도 누군가를 지배할 수 있다. 그럴 때에 우리는 합리적인 명령을 내려야 한다. 할 수 없는 일을 시키는 것은 불합리한 일이며 상대를 괴롭히는 일이다. 합리적으로 누군가를 지배해야만 존경을 받거나 위엄을 세울 수 있다. 존경이나 위엄은 스스로 자신을 높이는 것이 아니라 주위에서 만들어주는 것이다.

권력이란 속성은 이기주의에서 출발한다. 내가 높임을 받고, 박수를 받고, 내 마음대로 살고 싶은 욕망에서 시작된다. 본질적으로 권력자들은 태어날 때부터 보통사람들보다는 욕심이 많고, 이기심이 강한 사람으로 태어난다. 겉보기엔 그럴 듯하지만 권력을 지향하는 이들은 보통의 사람들보다 순수가 결여돼 있으며, 땀의 소중한 의미를 무시하는 경향이 있다. 그들은 지금보다 나은 쪽을 지향할 뿐이지 내려온다는 생각은 전혀 하지 않는다. 이들은 거기에 취해 자신의 권력만은 영원하리라는 착각에 빠져 산다.

그래서 우리는 권위는 믿지만 권력을 믿어선 안 된다. 권력은 타이어와 같아서 바람이 들어 있을 때만 탄력이 있을 뿐이며, 펑크가 나버린 타이어는 아무짝에도 쓸모없다. 권력이 우리 인간을 지배하고 있다. 우리는 자유롭지 못한 아담의 후예들이다. 좋은 자리를 차지하고 싶어 하고, 사치를 좋아하며, 남에게 보여주기를 좋아하고, 지배하기를 좋아하는 인간의 본능을 잘 보여주는 인간관계를 우리는 이 325호 별에서 볼 수가 있다. 우리는 모두 누군가의 왕이고 싶어 한다. 하지만 정치적, 권력지향적인 이들은 권력 만능이라는 시각, 상대를 볼 때 자신의 지지자, 후원자, 수하로 보려는 성향이 강하다. 따라서 이러한 성향을 가진 이들을 만날 때에는 그에 맞는 맞춤형 만남을 준비해야 한다.

정당성을 가질 때 발휘되는 권력의 힘

합리적인 권위

어린 왕자는 권력자가 어떻게 권력을 사용해야 백성을 편안하게 하는지, 어떻게 사용하는 것이 합리적인지를 가르쳐주려 한다. 권력은 순리와 합리를 따를 때 정당성이 있다.

'내가 그런 권력이 있다면 얼마나 좋을까. 의자를 끌어당길 필요도 없이 하루에 마흔네 번이 아니라 일흔두 번, 아니 백 번이라도, 아니 이백 번이라도 석양을 구경할 수 있을 텐데!' 그러자 두고 온 작은 별이 떠올라서 어린 왕자는 조금 슬퍼졌어요. 그래서 용기를 내어 왕에게 부탁을 했어요.

"저는 해 지는 것을 보고 싶어요……. 저에게 관용을 베풀어주세요……. 해가 지도록 명령해주세요……."

권력은 순리에 따를 때 힘을 발휘한다. 순리란 시간이 흐르면 해결될 문제는 스스로 과신하지 않고 시간의 흐름에 맡겨두는 것이다. 능력보다 중요한 것은 순리다. 무슨 일이든 쉽게 해결하려는 생각 때문에 우리는 가끔 순리에 어긋나는 것을 남에게 부탁한다. 쉽게 해결하려는 생각 때문에 우리는 불법 또는 편법을 동원하고 권력을 이용한다. 물론 자신에게는 편하고 좋은 일이지만 이 세상은 더불어 살아야 의미가 있다.

우리가 객관성을 유지하고 객관적인 눈으로 객관적인 판단을 하기 위해서는 이성을 가지고 행동해야 한다. 자신의 위치가 아무리 높다고 해도 원칙과 상식을 무시한 행동을 스스로 용납해선 안 된다. 훌륭한 리더는 원칙을 지키고 상식을 존중하는 사람이다. 자신의 실수나 추한 행동이 드러나지 않았다고 해서 그것을 감춘 채 오히려 상대를 비하하면서 권력을 행사하는 건 오만이다. 리더는 겉과 속이 일치돼야 한다. 정직해야 한다.

자신의 잘못을 깨닫는다는 건 훌륭한 일이다. 자신이 모르고 잘못을 저질렀을 때, 언젠가 다시 그 잘못을 깨달았을 때 상대에게 솔직히 사과하기란 쉽지 않다. 중요한 자리, 사람들이 주목하는 자리에 있을수록 잘못을 시인하려면 그 이상의 용기가 있어야 한다.

"짐이 만일 어느 장군에게 바닷새로 변하라고 명령을 내렸는데 그 장군이 명령에 복종하지 않았다면 그건 장군의 잘못이 아니라 짐의 잘못임이니라."

우리는 때로 '예'와 '아니오'를 분명히 해야 한다. 누군가 부탁을 했을 때 그 부탁을 들어줄 능력도 없으면서 승낙하는 사람이 있다. 할 수 있는 일에만 '예' 해야 한다. 상대가 기대하게 해놓고 안 해주면 오히려 상대에게 상처를 주고 실망을 준다. 순리에 따라 원칙대로 솔직하게 말하고 행하는 것이 자신에게도 남에게도 좋은 일이다. 임시방편으로 그 자리를 모면하려는 얄팍한 수는 나중에 걷잡을 수 없는 사건에 휘말리게 한다. 그러므로 자기 나름의 원칙과 기준을 갖고 말하고 행동해야 한다.

"짐이 만일 어느 장군에게 나비처럼 이 꽃 저 꽃으로 날아다니라든지, 아니면 비극을 한 편 쓰라든지, 바닷새로 변하라고 명령을 했을 때 그 장군이 명령을 수행하지 못했다면 짐과 장군 둘 중에 누가 잘못일까?"

"폐하의 잘못이에요."

어린 왕자는 단호하게 대답했어요.

"맞도다. 누구에게나 그가 할 수 있는 것을 요구해야만 하느니라. 권위란 우선 이성에 근거를 두는 법이니라. 만일 그대가 그대의 백성들에게 바다에 빠지라고 명령한다면 백성들은 혁명을 일으킬 것이니라. 짐의 명령이 온당하기 때문에 짐은 복종을 요구할 권리가 있는 것이로다."

권력과 권위는 다르다. 권력은 지배를 당하는 입장에서 어쩔 수 없는 상황이라서 순종하는 척 하는 것일 뿐이다. 사람이 사람을 지배한다는 건 그리 기분 좋은 일이 아니다. 지배란 누군가에게 자신의 일이나 자신이 의도하는 일을 대신 맡기는 것이다. 불합리한 명령, 할 수 없는 일을 하도록 시키는 것은 오만한 권력이다. 반면에 합리적인 명령을 내리는 사람은 존경을 받고, 그 아래에서 일하는 사람은 즐거운 마음으로 기꺼이 맡은 일을 하게 된다. 이렇게 위와 아래가 공존의 정신을 가질 때 생기는 것이 권위이다. 이 시대는 권력이 아니라 권위가 필요한 시대다. 힘이라는 포스로 지배하는 시대가 아니라 능력이란 파워로 즐거운 상하관계를 이루어야 하는 시대이다.

정치인의 덕목, 자아심판

이 세상에서 가장 강한 존재도 자신이며, 가장 약한 존재도 자신이다. 자신을 어떻게 다루느냐가 자기를 강하게 할 수도 있고, 아주 보잘것없는 존재로 만들기도 한다. 하지만 우리는 그러한 내면을 들여다보기보다는 다른 사람을 보려고만 하며, 다른 사람을 판단하기를 즐긴다.

세상 그 어떤 존재보다 먼저 다스려야 할 대상은 바로 나 자신이며, 세상 그 어떤 존재보다 먼저 제대로 평가하고 판단해야 할 대상도 나 자신이다.

권력 만용만 부리는 줄 알았던 325호 별의 왕은 그러한 면에서 합리적인 사고와 인간으로서 갖추어야할 미덕을 가지고 있다.

"그러면 그대 자신을 심판하라. 그것이 가장 어려운 일이로다. 다른 사람을 심판하는 것보다 자신을 심판하는 게 더 어려운 일이니라. 그대가 정말 잘 심판할 수 있게 된다면 그대는 참으로 지혜로운 사람이로다."

어린 왕자는 이렇게 말했어요.

"저는 어디서든 저를 심판할 수 있어요. 꼭 여기서 살아야 할 필요는 없어요."

누구를 판단하기에 앞서 자신을 판단한다면 상대에 대한 판단을 함부로 할 수 없다. 그만큼 우리는 자신에 대한 이기적인 사랑이 강하기 때문에 자신에 대한 편견이 강하다.

예수는 간음하다 잡혀온 여인에게 돌을 던지는 대신에 "여러분 중에 죄 없는 사람부터 이 여인을 돌로 치십시오"라고 선언한다.

우리는 남을 판단하고 정죄하기는 즐기지만 자신의 부족한 점은 알면서도 감추거나 모르는 척 넘어가는 일이 허다하다. 그러한 점을 예수는 깨우쳐준다.

자신에 대해 가장 잘 알고 있는 것은 자신이다. 자신이 옳다고 생각하기는 쉬워도 자신이 옳지 않다고 판단하기는 너무나 어렵다. 우리는 자신에 대해 합리화를 하면서 살고 있다. 남을 판단한다는 것은 그 타인보다 우월할 때 가능하다. 자신을 제대로 판단하려면 자신을 극복한 이후라야 가능하다. 하지만 자신을 이긴다는 것은 상대를 이기기보다 더 어렵다. 어쩌면 상대가 보이기 때문에 경쟁에서 이기기가 수월한 반면 자신은 자신 속에 살고 있기 때문에 볼 수도 없거니와 찾기도 어려워서 이기기가 어렵다.

진정 훌륭한 리더는 자신을 극복하고 이기는 리더이다. 자신을 제대로 아는 사람은 겸손할 줄 알며, 상대방을 이해할 줄 안다. 자신만의 아집과 독선으로 가득한 사람이 리더가 될 때 그 리더에게 속해 있는 집단은 불행하다. 약자의 실수는 자신 또는 가족에게 국한되지만 영향력이 큰 사람의 실수일수록 그 피해가 너무나 크다.

소크라테스는 악의 원인을 무지로 보았다. 자신을 지자라고 생각하는 무지자가 세상에는 무척 많다. 지자라는 편견, 자신의 생각만이 옳다는 편견에 사로잡힌 무지자가 너무도 많다. 그들은 자신의 의견에 동조하지 않는 사람을 수준 이하로 보거나 오히려 무지자로 본다. 권력지향적인 사람들은 대부분 이런 성향을 갖고 있다. 물론 권력과는 관계없이 평범하게 사는 사람들 속에도 이런 성향의 사람들이 많다.

하나밖에 없는 생명존중

존재나 사물의 가치는 그것의 객관적인 평가보다 주관적인 경향이 강하다. 아무리 같은 것이라도 어떤 위치에 있느냐, 또는 어디에 있느냐, 얼마나 많으냐, 얼마나 희귀하냐에 따라 가치가 정해진다.

어린 왕자의 별에는 장미가 하나밖에 없었기 때문에 아주 귀한 존재다. 마찬가지로 왕의 별에는 신하가 없었다. 드디어 어린 왕자가 신하로 등장한다. 하나밖에 없을 때 그 존재의 가치는 높아진다. 따라서 리더는 국민을 대할 때 하나밖에 없는 존재로 생각하고 소중히 여겨야 한다.

> 왕이 말했어요.
> "에헴! 에헴! 짐의 별 어딘가에 늙은 쥐 한 마리가 있음이 확실하다. 밤이면 쥐 소리가 들리노라. 그대는 그 늙은 쥐를 재판할 수 있으렸다. 어쩌면 그 쥐를 사형에 처해야 하리라. 그러므로 쥐의 생명은 심판에 달려 있도다. 그러나 그때마다 그 쥐를 특별 사면하도록 하라. 쥐는 한 마리밖에 없으니까."

생텍쥐페리는 하나밖에 없는 것에 대한 관심이 크다. 그의 별에도 장미는 하나밖에 없다. 왕의 별에도 쥐는 한 마리밖에 없다. 그리고 이 작은 별에는 각각 한 사람만 살고 있다. 하나라는 것, 하나의 소중함을 그는 일깨워준다. 그 하나는 세상의 수많은 것과 견주어도 더 소중한 존재다. 하나밖에 없으니만큼 소중히 여기며 보호해주어야 하며, 아껴주어야 한다. 이 세상에 나는 하나밖에 없다. 하지만 하나라는 것은 아주 소중하다. 그 무엇이든 하나에서 시작되지 않는 것이 없다. 위대한 발명, 위대한 업적, 위대한 삶도 모두 하나에서 비롯되었다. 따라서 하나를 소중히 여기지 않고는 그 무엇도 이룰 수 없다. 하나의 작은 출발이 모든 것의 결과임을 인식해야 한다. 이처럼 세상에 단 한사람밖에 없다는 생각으로 사람을 대한다면 좋은 리더가 될 수 있다.

합리적 인사의 원칙

살아가면서 모든 역할을 혼자서 다 감당할 수는 없다. 더구나 권력이란 백성을 다스리기 위한 것이므로 그 역할이 다양하다. 인간은 그 모든 것을 다 알 수도 없고 두루 살필 만큼 능력도 없다. 우리는 같은 입장에서 서로를 보고 있다. 우리 인간은 각기 다른 고유의 능력을 갖고 있다. 내가 글을 쓰는 능력이 있다면 저 사람은 말을 잘 하는 능력을 가지고 있다. 내가 특별한 손재주를 가지고 있다면, 저 사람은 나보다 강한 힘이 있다. 이렇게 인간은 보완관계에 있다. 그러므로 모든 일을 나 혼자 하려는 것은 어리석은 일이기 때문에 서로가 일을 분담해서 처리해야 한다.

이렇게 일을 분담하는 것이 인사의 기본원리이다. 어떤 일을 누구에게 맡기느냐는 중요하다. 그 일이 적임자에게 맡겨졌을 때 우리는 잘한 인사라고 평가한다. 인사란 권력을 가진 사람이 아무렇게나 나누어주어서는 안 되며, 적임자를 그 자리에 앉게 하여 일을 하도록 하여야 한다. 본인의 능력과 소신, 처지도 감안해야만 한다.

어린 왕자는 준비를 다 끝냈지만 늙은 군주를 슬프게 하고 싶지 않았어요. 그래서 이렇게 말했어요.

"폐하의 명령이 어김없이 시행되길 원하신다면, 폐하께선 제게 온당한 명령을 내려주셔야 해요. 예를 들어 즉시 떠나라고 명령하셔야 한다고요. 제 생각으론 조건이 마련된 것 같은데 ……."

왕이 아무런 대답도 하지 않자 어린 왕자는 잠시 주저했지만 곧 한숨을 쉬며 별을 떠났어요.

"짐은 그대를 대사로 임명하노라."

왕은 그때 바삐 소리를 질렀어요. 왕은 아주 권위 있는 모습이었어요.

과대망상의 왕은 어린 왕자를 보내기 싫어한다. 그럼에도 어린 왕자는 떠나려 한다. 여기서 절충점을 찾는 인사를 선택한 것은 왕이다. 또한 어린 왕자는 왕의 권위를 실추시키지 않으려고 배려한다. 그렇게 해서 이 인사 문제는 합리적으로 처리가 된다. 어린 왕자는 과대망상 왕의 대사가 되어 다른 별로 여행을 계속하면 된다. 이처럼 당사자의 상황에 맞으며, 그 사람의 능력에 맞는 인사가 합리적인 인사다. 우리는 왕과 어린 왕자의 대화를 통해 어떤 인사가 정당하고 합리적인 것인지를 배운다.

325호 별을 어린 왕자와 함께 여행하면서 권력자의 성향, 권력자는 아니라도 그런 성향을 가진 사람들의 속성을 들여다보았다. 만일 내가 그런 성향의 사람이라면 어떤 생활태도를 가지고 살아야 할지 생각해야 하며, 만일 그런 성향의 사람들을 만난다면 그들과 어떻게 좋은 관계를 맺으며 살 수 있을지를 생각해야 한다. 늘 우리와 아주 닮은꼴 사람들과만 관계를 맺으며 살 수는 없는 것이다.

연예인과 인간관계를 맺기 전에 알아야 할 것들

–허영쟁이의 별에서

어린 왕자가 철새들이 도움을 받아 두번째로 방문한 별은 허영심이 강한 사람이 사는 별이다. 프랑스어 원본의 표현인 un vaniteux는 우리말로 풀이하면 '허영심이 강한 사람' 또는 '자만심이 강한 사람' 이다. 그리고 우리말로 '허영' 이란 말의 사전적 의미는 '자기 분수에 넘치는 외관상의 영화, 또는 필요 이상의 겉치레' 이다. 영어로는 'vanity' 이며, 불어로는 'vanite' 이다. 이러한 의미로 볼 때 허영쟁이는 실제 이상으로 자기 자신을 과대평가하는 사람을 일컫는다. 물론 자신을 과소평가하고 의기소침해하는 사람보다는 허영을 즐기는 편이 나을 수도 있다.

그런데 영어판에는 'vanity' 라고 되어 있지 않고 'conceited man' 으로 되어 있다. 'conceited man' 을 우리말로 옮긴다면 '자부심이 센 사람' 또는 '잘난 체하는 사람' 이다. 여러 정황상 잘난 체하는 사람이 허영쟁이라는 표현보다 어울릴 것 같다. 불어로 읽을 때와 영어로 읽을 때의 차이를 함께 감상해 보는 것도 좋을 것 같다.

어떤 뜻을 대입하든 이 사람은 앞에 나온 왕처럼 자신을 과대평가하고 있다. 어떤 면에서 보면 스스로 과대평가하는 것은 자신감이 될 수도 있다. 이것이 지나치면 물론 좋지 않은 이미지를 갖게 된다. 그러나 우리가 살아가면서 가장 염려하는 일은 의기소침해져서 매사에 자신감을 잃고 어떠한 일에도 제대로 도전하지 못하는 것이다.

허영에 들뜬 사람은 다소의 자신감을 갖고, 어떤 일에 도전할 수가 있다. 허영에 빠진 사람이 경계해야 할 일은 자신의 분수를 모르고 나서는 경우다. 허영에 들뜨다 보면 자신을 너무 과대평가하고 오만할 수 있다. 그러면 주변 사람들을 잃거나 하는 일을 그르칠 수 있다. 지나친 겸손은 자기비하가 되기 때문에 경계해야 하지만, 지나친 자기 과시 역시 주변 사람들을 적으로 만들 수 있고, 오만해질 수 있으므로 경계해야 한다.

우리는 다른 사람에게서 싫은 소리를 듣기 싫어한다. 빈말이든 꾸며낸 말이든 좋은 이야기 듣기를 즐긴다. 사람은 누구나 다소의 허영심을 갖고 있다. 자신이 아무리 보잘것없다 해도, 비록 그 사실을 스스로 알고 있다 해도 나쁜 얘기를 듣고 싶은 사람은 없다. 자신이 못났어도 남들이 잘났다고 해주면 기분이 좋아지듯 어느 정도의 허영심은 필요하다.

인간에겐 잠재 능력이 있다. 이 잠재 능력은 부정적인 생각에서는 나오지 않는다. 자신감이 결여된 사람은 매사에 소극적이다. 때문에 새로운 일에 도전은커녕 하고 있는 일도 제대로 못한다. 반면 다소의 허영심은 우리가 삶을 살아가는 데 제법 도움이 될 수도 있다. 우리가 자신감을 가지고 뭔가 새로운 일에 도전하게 되면 우리 안에 잠재돼 있던 능력이 발휘되어 기대 이상의 결과를 가져올 수 있다.

우리에게는 격려와 박수가 큰 힘이 된다. 군중의 함성과 환호, 열렬한 지지자들의 박수를 못 잊어 리더가 되겠다고 수없이 도전하는 이들을 우리는 본다. 인간은 지위 고하를 막론하고 동일한 존재로 받아들여야 하는데 누구나 누군가에게 섬김 받기를 좋아한다. 누군가 자신을 떠받들어 주면 그만큼 자신이 훌륭해진다고 생각한다. 그것이 허영이다. 우리 주위에는 이런 허영에 들떠서 자신의 삶을 망치는 경우가 종종 있다.

그러나 허영쟁이는 그 말을 듣지 못했어요. 허영쟁이는 칭찬하는 말밖에는 듣지 못해요.

"너는 정말로 나를 찬미하느냐?"

그가 어린 왕자에게 물었어요.

"찬미한다는 게 무슨 뜻인데요?"

"찬미한다는 건 내가 이 별에서 가장 잘생기고, 옷을 잘 입고, 부자고, 지식이 많다는 걸 인정해 준다는 뜻이지."

"하지만 이 별에는 아저씨 혼자뿐이잖아요!"

"내게 호의를 베풀어다오. 어서 나를 찬미해주렴!"

어린 왕자는 어깨를 약간 으쓱하며 말했어요.

"난 아저씨를 찬미해요. 하지만 그게 아저씨한테 무슨 소용이 있어요?"

어린 왕자는 그 별을 떠났어요.

'어른들은 정말 이상해.' 여행을 하면서 어린 왕자는 마음속으로 그렇게 생각했어요.

허영이란 중독에 빠지면 다른 사람의 이야기는 들으려 하지 않는다. 그저 자기 자신의 말만 하려한다. 허영은 자신이 남보다 우월하다는 확신이 있을 때 나타나는 경우도 있지만 오히려 자기 콤플렉스가 강한 사람에게 나타나는 경우가 많다. 사람은 누구나 남에게 돋보이고 싶은 본능이 있다. 그런 경향이 강한 사람일수록, 남에게 인정받으려는 욕구가 강렬한 사람일수록 돋보이고 싶어 한다. 이러한 사람들은 대개 연예계나 정치계로 진출하고 싶어 한다.

이들은 무대에 서는 것을 좋아한다. 평소에는 다소곳하고 아주 얌전한 것 같지만 일단 무대에 서면 마음껏 자기 끼를 발산한다. 하지만 무대의 불이 꺼지거나 무대가 텅 빈 후에는 고독을 느끼며, 인기가 수그러들면 심지어 삶의 의미마저 잃고 위험한 정신세계에 빠지기도 한다. 이러한 위험에 처하기 전에 우리는 무의미한 반복을 즐길 것이 아니라 진정한 자기 발견을 하고 인생의 가치를 가져야만 한다. 내 밖의 나도 중요하지만 내 안의 내가 가장 소중한 것임을 알아야 한다.

힘찬 박수 앞에서는 우쭐해지지만 그 박수는 영원히 지속되지 않는다. 그 박수는 언젠가는 소멸되며, 박수를 쳐주며 함께 즐거워하던 무리들이 실망을 할 수도 있다. 연예의 무대, 정치의 무대는 대중과 함께하는 참여

'어른들은 정말 이상해'

여행을 하면서 어린 왕자는 마음속으로 그렇게 생각했어요.

극이다. 그 극이라는 것은 우리의 삶처럼 진지하게 이어지는 것이 아니라 단막극으로 끝날 수밖에 없다. 항상 새로운 스타가 태동한다. 그래서 때로 그 박수소리는 조소의 소리로 바뀔 수도 있다.

우리는 감정을 가진 존재다. 우리는 이 감정에 따라 행동한다. 우리를 지배하는 것은 피상적인 우리의 모습이 아니라 우리의 정신세계이다. 이는 보이지 않지만 우리에게 명령하고 움직이게 하는 힘의 원천이다. 이러한 심리를 적절히 움직여주면 자신감을 얻어 보다 나은 미래를 향해 나아갈 수 있다. 이런 자신감을 갖게 하는 힘은 칭찬에서 나올 수 있다.

노래를 못하는 사람에게 자주 노래를 잘한다고 해주면 그는 오래지 않아 노래를 잘 부르게 된다. 사람은 어느 정도 자신이 의도하는 대로 살아갈 수 있는 동물이기 때문이다. 칭찬은 듣는 사람에게 힘이 되고 용기를 준다. 가급적이면 상대를 격려해주고, 상대에 대해 칭찬을 많이 하는 것이 좋다. 하지만 좋은 일에 칭찬이어야 한다. 나쁜 길로 가도록 유도해선 안 된다.

어린 왕자는 허영의 덧없음을 일깨워준다. 허영은 억지로 칭송을 들으려는 그릇된 생각에서 생긴다. 존경과 허영은 다르다. 허영은 피상적으로 자신을 돋보이려는 겉치장, 말장난일 수 있다. 적절한 허영을 가지고 자신감 있게 새로운 일에 도전하는 것은 좋은 의미의 허영이다. 하지만 피상적인 치장이나 유창한 말로 나를 내세워서 박수를 받고, 환호에 취해서 자신이 마치 존경받는 듯이 착각하는 것은 부정적인 허영이다. 존경이란 그의 삶의 모습과 그의 과거를 비추어 모범적일 때 주위에서 느끼는 마음의 발로이다.

허영은 대중이 만들어주지만 대중의 호응에 일단 심취하고 나면 그 호응을 잊지 못한다. 처음에 대중은 그에게 환호하지만 그 환호는 불변하는 것이 아니다. 그가 어떻게 노력하느냐에 따라 이내 잦아들 수도 있고, 지속될 수도 있다. 하지만 언젠가는 끝나게 되어 있다. 원래대로 돌아왔을 뿐이지만 거품과도 같았던 그 박수, 환호를 잊기란 어렵다. 귓가에 맴돌지만 현실이 아님을 인지하게 될 때 그는 우울에 빠져든다. 한없는 우울의 늪으로 빠져들어 헤어나기 어렵다. 이러한 운명, 이러한 성향 속에 사는 것이 허영쟁이, 연예인들이다. 물론 겉으로는 평범한 것 같아도 이러한 기질을 가진 사람들이 많다. 이런 사람들을 만나면 이들을 이해하고 이들이 그런 상태에 빠지지 않도록 배려해주고 조언해주어야 좋은 만남을 유지할 수 있다. 자신이 그런 성향이라면 자신의 삶에 있는 거품을 알고 그 거품이 걷어졌을 때를 생각해야 정신적인 건강을 유지할 수 있다.

중독자들을 다루는 기술

-술꾼의 별에서

어린 왕자가 세번째로 찾아간 별에는 술꾼이 살고 있다. 대부분의 번역서에는 술주정뱅이로 되어 있으나 이 글에서는 술꾼으로 쓰기로 한다. 용어의 의미에 다소 차이가 있기 때문에 술꾼으로 보는 것이 타당할 것이다. 술주정뱅이란 '술을 마시고 남을 괴롭히는 사람' 이라는 뜻이고, 술꾼은 '애주가', 또는 '술고래' 란 뜻으로 '술을 많이 마시는 사람' 정도로 보아야 할 것이다.

여기에서 생텍쥐페리는 관능적인 즐거움에 사로잡혀 반복적인 삶을 살아가는 어른들, 자신이 무슨 일을 하는지도 모르는 어른들을 조소한다. 술은 중독성이 강하다. 비단 술이나 담배뿐 아니라 관능적인 쾌락을 주는 것들은 중독성이 강하다. 그러한 중독에 빠지면 스스로 멈추어야 한다는 것을 알면서도 어쩌지 못하고 그 유혹 속으로 빠져든다. 중독에는 인간을 해롭게 하는 것도 많지만 인간에게 이로운 경우도 있다. 예를 들면 독서도 중독이 되고 각종 운동들도 중독이 된다. 자신을 이롭게 하고 남에게 피해를 주지 않는 중독들은 살아가면서 몇 가지 정도 가져도 좋을 것이다.

어린 왕자의 눈에 비친 어른들은 정말 이상하다. 술을 마시는데 이유가 없다. 기분 좋으니까 술을 마신다. 그러면 기분 나쁠 땐 안 마셔야 할 텐데, 기분이 나쁘니까 또 술을 마신다. 참 이상하다. 기분이 좋다고 한 잔하고, 기분 나쁘다고 한 잔하고, 도대체 술을 마시는 이유가 뭘까! 그래, 이유 없이 마신다. 마시고 싶어서 마시고, 누가 권해서 마시고, 마시지 말라니까 반발심이 생겨서 마신다. 술을 마시는 데는 나름대로 이유가 있다.

술의 역사는 제법 오래된 것으로 알려져 있다. '디오니소스' 또는 '바커스'라고 불리는 신은 그리스 신화에 등장하는데, 이 신은 술과 도취, 해방의 신이다. 유대인의 지혜의 경전으로 알려진 《탈무드》에도 그런 예가 있다.

> 최초의 인간인 아담이 포도나무를 심고 있었다. 그 때 악마가 찾아와서 물었다.
>
> "무엇을 하고 있는 거야?"
>
> 인간이 대답했다.
>
> "나는 지금 굉장한 식물을 심고 있어."
>
> 악마가 이렇게 말한다.

"이건 처음 보는 식물인데."

인간은 악마에게 이렇게 설명했다.

"이 식물에는 아주 달고 맛있는 열매가 열리지. 그리고 그 국물을 마시면 아주 행복해진다고."

그러자 악마는 자기도 꼭 동업자로 넣어달라고 부탁했다. 그리고는 양과 사자와 원숭이와 돼지를 끌고 왔다. 그 짐승들을 죽여 그 피를 거름으로 부었다. 포도주는 이렇게 해서 이 세상에 처음으로 생겨났다.

그래서 술은 처음 마시기 시작할 때에는 양처럼 온순하고, 조금 더 마시면 사자처럼 사나워지고, 그 다음에는 원숭이처럼 춤추고 노래를 부르며, 더 많이 마시면 토하고 뒹굴어 돼지처럼 추하게 된다. 술은 결국 악마가 인간에게 준 선물이다.

술의 사전적 의미는 "알코올 성분이 있고, 마시면 취하는 음료의 총칭. 맥주, 청주, 약주, 막걸리 등의 발효주와 소주, 고량주, 위스키 등의 증류주, 과실이나 약제를 알코올과 혼합한 혼성주로 나눈다."고 기록되어 있다. 이러한 술에서 유래하는 말들로 '술고래, 술주정뱅이, 술망나니' 등의 별칭이 있다. 또한 매사에 경거망동함을 일컬어 '술 덤벙 물 덤벙' 이라고 하며, 남을 대접하고도 오히려 해를 입었을 경우를 가리켜 '술 받아주고 뺨 맞는다' 고 하며, 흐리멍덩한 행동을 '술에 술 탄 듯 물에 물 탄 듯' 이라고 한다.

결국 술은 위의 예에서나 술에 얽힌 말에서 보나 우리 삶에 도움이 되기보다는 해를 준다. 그러니 술은 기분 내키는 대로 마시면 안 된다. 어쩔 수 없이 마셔야 한다면 어느 정도, 처음 술을 마시기 시작할 때 양을 정해놓고 마셔야 한다. 술을 마시다보면 자기 나름대로의 약속을 깨고 그 한도를 넘어버린다. 그런 자제력이 없는 사람은 술을 마시지 않아야 한다. 자기를 이기지 못하는 사람은 결국 술에 지고 만다. 처음에는 내가 술을 마시지만 나중에는 술이 술을 마신다. 어떤 철학자는 "술잔은 비록 작으나 술에 빠져 죽는 사람이 물에 빠져 죽는 사람보다 많다."고 했다.

"거기서 뭘 하고 있나요?"

어린 왕자가 술꾼에게 말했어요. 술꾼은 빈 병과 가득 찬 술병 한 무더기를 앞에 놓고 말없이 앉아 있었어요.

"술을 마시고 있지."

그가 침울한 표정으로 대답했어요.

"술을 왜 마셔요?"

어린 왕자가 물었어요.

"잊기 위해서야."

"무엇을요?"

어린 왕자는 어쩐지 측은한 생각이 들어서 물었어요.

"내가 부끄러운 놈이란 걸 잊기 위해서야."

술꾼은 고개를 떨어뜨리며 고백했어요.

"뭐가 부끄러운데요?"

어린 왕자는 그를 도와주고 싶었죠.

"술 마신다는 게 부끄러워!"

그는 말을 끝내고 입을 꼭 다물어버렸어요.

술꾼들은 술이 만사 해결의 열쇠라고 생각한다. 문제가 생기면 술을 마신다. 술을 마셔도 문제는 해결되지 않고 잠시 잊을 뿐임에도 술을 도피처로 삼는다. 때로는 시간이 흐르니까 저절로 해결되기도 하지만 대부분은 더 꼬이고 만다. 문제가 해결되고 나면 또 이렇게 말한다. "잘 해결됐어. 오늘은 기분 좋은 날이니까 내가 한 잔 사지."

술을 마시는 데도 어느 정도의 자기원칙과 철학이 필요하다. 무엇보다 남에게나 자신에게 해가 되지 않아야 한다.

문제를 술로 해결하려는 사람들은 현실을 도피하려 하거나 용기가 부족한 사람들이다. 모든 문제는 자신이 풀어야만 풀리는 것이므로 피해서는 안 된다. 우리에게 주어진 삶의 문제들은 영롱한 정신으로 풀기도 벅찬 경우들이 많다. 그럼에도 불구하고 술로 문제를 해결하려는 것은 편법이거나 비켜가려는 비겁에서 비롯되는 행위이다.

술은 반복적으로 현실을 도피하도록 함으로써 무력감에 빠뜨린다. 술에 지지 말고 이겨야 한다는 것을 어린 왕자는 이야기하고 싶어 한다.

중독 성향이 유독 강한 사람들이 있다. 이들의 특징은 그 무엇에 집중을 잘한다는 점이다. 이것은 장점이기도 하면서 단점이 될 수 있다. 뭔가에 집착이 강한 만큼 인내심도 강하다. 이런 성향의 사람과 교제를 할 기회가 있다면 이들이 나쁜 것에 집중하거나 집착을 갖지 못하게 하고 좋은 것, 이로운 것에 집중하도록 해주어야 한다. 그렇게 도와줌으로써 아주 좋은 관계를 유지할 수 있다. 무엇에든 중복이 되면 그것이 일상으로 변한다. 오히려 거기에서 벗어나면 불안하고 초조하다. 때문에 자신의 삶을 망치고 다른 사람에게 피해를 주는 중독이라면 과감하게 끊어야 한다. 반면 아무리 중독되어도 자신의 삶에 도움이 되고 다른 이들에게도 해를 끼치지 않으며 도움이 되는 중독이라면 그 중독은 권할 만한 것이다. 따라서 자신이 이런 중독 성향을 가졌다면 애초에 좋은 것, 이로운 것에 집중하도록 노력해야 한다. 잘만 하면 중독성은 아주 좋은 상점으로 만들 수 있다.

사업가들과 인간관계를 맺기 전에 알아야 할 것들

–사업가의 별에서

이 세상에는 참으로 다양한 부류의 사람들이 살고 있다. 필자가 고등학교에서 교생 실습을 할 때 선배 교사가 하는 말이 "한 학급에 학생이 50명이면 아침에는 50개의 문화가 학교로 등교하고, 저녁이면 50개의 문화가 다시 제자리로 돌아간다"는 것이었다. 그만큼 사람들은 생김새도 다 다르고, 사고나 행동이 달라서 다루기가 너무나 어렵다는 말이다. 어떤 직업에 종사하느냐에 따라 성격이나 사고도 그에 맞추어 변하기 마련이다. 어떤 환경에 있느냐에 따라 그 사람의 품행이나 성격도 달라진다. 그만큼 인간은 환경에 많은 영향을 받는다. 그래서 인간에게는 적절한 교육과 적절한 환경이 필요하다.

어린 왕자가 네번째로 찾아간 별에는 사업가가 살고 있다. 사업가는 계산이 빠르다. 돈을 위해서는 수단과 방법을 가리지 않는 계산적인 사람이다. 우리는 그를 가리켜 장사꾼이라 부른다. 보기에는 아름답지만 남에게 해를 끼치는 독버섯 같은 인간을 일컫는다. 자기합리화를 하려 애쓰는 사람이다.

이 책에 등장하는 상인은 장사꾼이라기보다는 사업가라는 표현이 어울린다. 영어로 비즈니스맨으로 되어 있으니까 상인보다는 큰 규모의 일을 하는 사람이다. 그는 움직이면서 장사를 하는 것도 아니고 앉아서 정보를 가지고 자기 소유로 삼는다. 오직 그는 모든 것을 자기 것으로 만드는 데 몰두한다.

그는 무려 33년을 장사를 해왔다. 이는 묘하게도 생텍쥐페리가 살아온 생애와 얼추 맞는 그런 연조다. 사업가의 나이는 54세이다. 지금부터 11년 전인 43세 때 신경통 때문에 계산이 틀린 적이 있다. 그리고 그 이전 11년 전인 32세에는 풍뎅이가 날아드는 바람에 계산이 틀렸다고 한다. 이렇게 사업가는 11년을 주기로 한 번씩 계산이 틀린다. 그러니까 그것을 근거로 11년을 뒤로 하면 그는 21세에 사업을 시작한 것이다. 그렇게 하여 올해로 33년째 사업을 하는 셈이다. 이번에는 어린 왕자의 등장으로 계산을 바로하지 못했다.

"내가 이 별에서 54년을 살아온 이래로 방해를 받은 적은 세 번밖에 없었어. 처음은 22년 전이야. 어디서 날아들었는지 풍뎅이 한 마리가 떨어졌지. 그 놈이 요란한 소리를 내지르는 통에 덧셈이 네 군데나 틀렸어. 두번째는 11년 전인데 신경통이 발작한 때문이었어. 난 운동부족이야. 한가롭게 걸어다닐 시간이 없단다. 나는, 나는 말이야, 중요한 사람이야. 그리고 세번째는…… 바로 너 때문이야. 그러니까 아까 뭐라고 했더라. 오억백만…….”

오직 소유만을 지향하며 달려온 사업가는 여러 가지 문제를 낳는다. 우선 오직 한 일에만 몰두하다 보니 소유만 알았지 소비라는 것을 모르는 사람이 되었다. 또한 거기에 몰두하다 보니 건강관리가 되어 있지 않다. 그러면서 자신은 중요한 사람이라는 인식만 갖고 있다. 이 사람도 앞에 나온 사람들처럼 과대망상에 빠져 있거나 뭔가에 중독된 사람이다.

어린 왕자가 방문하는 별은 한결같이 자기 일에 중독되어 있거나 편집증 증세에 빠져 있는 이들이 살고 있다. 이런 현상은 다음에 등장하는 사람들도 마찬가지다. 이는 현대를 사는 사람들의 편협한 시각과 병적인 상태를 보여주고 있다.

소유와 지배의 차이

이 사업가의 긍정적인 태도는 개념 정리를 잘 한다는 점이다. 그는 우선 소유와 지배의 개념을 명쾌하게 정리한다. 소유한다는 것과 지배한다는 것은 다른 말이다. 자신은 별의 소유권을 가지고 있는 반면, 왕은 별을 지배하는 권한을 갖고 있다. 정당한 소유에 대해서는 그 누구도 비난해선 안 된다. 정당한 방법으로 소유하는 건, 남에게 해됨이 없이 소유한다는 의미이기 때문이다. 그런데 지배한다는 것은 남에게 눈물을, 아픔을 줄 수가 있다. 소유한 것이 아니면서 강제로 남의 것을 빼앗을 수도 있기 때문이다. 소유는 소유로 끝나고 지배는 지배로 끝나야 한다.

"아! 별들 말이에요?"

"그래, 맞아. 별들 말이야."

"그럼 아저씬 별을 오억 개나 가지고 뭘 하는 거예요?"

"오억 일백육십이만 이천칠백삼십일이지. 나는 중대한 사람이야. 나는 정확해."

"그런데 그 별로 뭘 하는 건데요?"

"뭘 하려느냐고? 아무것도 안 해. 그것들을 소유하는 거지."

"아저씨가 별들을 소유해요?"

"그래."

"하지만 난 왕을 만난 적이 있는데, 그 왕이……."

"왕은 소유하는 게 아니지. '지배하는' 거야. 소유와 지배는 다른 거야."

"그럼 별을 소유하면 아저씨에게 무슨 소용이 있는데요?"

"내가 부자가 되는 데 소용 있지."

"그럼 부자가 되는 건 무슨 소용이 있어요?"

"다른 별을 발견하면 그걸 사는 데 쓰는 거야."

내 것이란 말의 의미는 내 마음대로 처분이 가능하다는 뜻이다. 내 마음대로 뭔가 할 수 있다는 것 때문에 사람들은 보다 많은 것을 가지려고 한다. 많은 것을 갖게 되면 남 앞에서 우쭐해질 수도 있고, 덜 가진 사람들로부터 추앙을 받을 수도 있다. 뿐만 아니라 부러움의 대상이 되기도 한다. 그들은 어깨를 으쓱거리고 거들먹거리며 당당하게 살아갈 수 있다. 때문에 사람들은 많이 가지려고 한다. 그런 것을 우리는 소유한다고 말한다.

소유함으로써 그 소유한 것들을 지배할 수도 있다. 하지만 아무리 많은 것을 소유한다고 해도 이 세상을 떠날 때는 가져갈 수가 없다. 우리가 이 세상을 떠나고 난 뒤에 그것들은 아무런 의미를 갖지 못한다. 여기에 있는 것은 저 세상으로 이동이 불가능하다. 설령 이동이 가능하다 해도 다른 세계에 가면 쓸모가 없는 것들이 되고 만다. 그럼에도 불구하고 사람들은 많이 더 많이 가지려 한다. 그것들을 후손들에게 물려주려 한다.

정보 분류와 특허의 개념

이 사업가는 특허라는 개념을 또 하나 내놓는다. 무엇이든 먼저 발명하고 발견하여 등록을 한다면 자신의 것이 된다는 것이다. 이는 현대를 사는 우리에게 아주 중요하다. 모든 정보를 공유하지만 누가 먼저 그 정보를 분류하여 자기 것으로 만드느냐가 중요한 것이다. 정보를 많이 가지는 능력보다 그 정보를 어떻게 분류하고 가공하느냐가 중요한 시대에 우리는 살고 있다.

"물론이지. 누구의 것도 아닌 다이아몬드를 네가 발견했다면 그건 네 거야. 아무도 소유하지 않은 섬 하나를 네가 봤다면 그건 네 섬이야. 어떤 아이디어를 네가 맨 처음 떠올렸다면 넌 특허를 낼 수 있어. 그 생각은 네 것이니까. 마찬가지로 나보다 먼저 별을 갖겠다고 생각한 사람이 하나도 없었으니까 별은 내 거야."

아이디어는 아주 중요하다. 어쩌면 인간이 가진 가장 위대한 재산은 생각할 수 있는 힘이다. 발상을 전환하면 우리는 많은 새로운 것을 얻을 수가 있다. 이 세상에 존재하는 모든 것은 생각의 산물이다. 보다 쉽고, 보다 편리하고, 보다 신나고, 보다 즐겁기 위해 생각해낸 결과들이 우리 앞에 펼쳐져 있다. 좋은 아이디어가 떠오르는 순간 우리는 그 생각의 주인이 된다.

다양성을 요구하는 세상에 우리는 살고 있다. 어찌 보면 우리는 모두 자기 삶의 사업가다. 이런 세상에서 우리는 정직한 사업가가 되어야 한다. 남에게 해를 끼치지 않고 훌륭한 사업가가 되려면 남이 미처 생각지 못한 아이디어를 찾아야 한다. 지금보다 더 부지런히 생각하고 그 생각을 소중히 여기며 살아야 우리는 누군가에게 해가 되지 않으면서 여유 있는 삶의 사업가로 살 수 있다.

진정한 소유의 대상

이 세상에 존재하는 것은 모두 중요하다. 아주 중요한 것과 덜 중요한 것의 차이만 있을 뿐이다. 그런데 제대로 판단을 못해서 하찮은 것을 중요하게 생각하고, 정작 중요한 것을 하찮게 여길 때가 있다. 친구 간에, 연인 간에, 또는 친척 간에, 부부 간의 싸움도 아주 하찮은 것에서 시작된다. 사소한 것에서 시작된 싸움이 큰 싸움으로 번져서 원수가 되기도 하고, 완전히 남남으로 갈라서게도 된다. 이처럼 중요한 것과 하찮은 것은 우리의 판단에 따를 뿐 처음부터 정해진 것이 아니다.

"난, 머플러가 있으면 그걸 목에 감고 다닐 수가 있어요. 난, 꽃이 있으면 그걸 꺾어 가지고 다닐 수가 있어요. 그러나 아저씨는 별을 딸 수가 없잖아요."

"없지. 그러나 은행에 맡겨둘 수는 있어."

"그게 무슨 의미인데요?"

"작은 종이에 내가 가진 별들의 숫자를 적어서 서랍 속에 넣고 자물쇠를 채워둔다는 걸 의미하지."

"그게 단가요?"

"그거면 충분하지!"

어린 왕자는 생각했어요. '그거 재미있군. 제법 시적이기도 하고, 하지만 중요한 일은 아니야.'

세상 모든 일은 중요하지 않은 게 없다. 단지 누구에게 중요한가, 안 중요한가, 언제 필요한가, 안 필요한가의 차이만 있을 따름이다. 내가 보기에 시답잖은 일이 그가 보기엔 아주 중요한 일일 수도 있다. 누군가에게 중요한 것이 나에겐 전혀 쓸모없는 것이기도 하고, 내겐 아주 중요한 것이 다른 사람에게는 전혀 쓸모없는 것일 때도 있다.

내가 보기엔 좋은 사람이라도 다른 사람이 보기엔 역겨운 사람인 경우도 있다. 결국 이 세상은 고만고만한 일들의 모임이다. 그런 일들이 모여 역사를 이루고 세상을 이룬다.

누구에게나 소중히 여기는 것들이 있다. 때로는 동전 하나가 매우 소중할 때도 있다. 아무리 부자라고 해도 동전 몇 개 때문에 발발 떨 수도 있고, 때로는 거액을 물 쓰듯 하기도 한다. 이 세상은 어떻게 생각하느냐에 따라 달라진다.

> 어린 왕자는 중요한 일이라는 것에 대해 어른들과는 다른 생각을 갖고 있었어요. 그는 다시 말했어요.
>
> "내겐 날마다 물을 주는 꽃이 한 송이 있어요. 매주 청소를 하는 화산도 세 개 있고요(내가 불 꺼진 화산을 청소한다는 걸 아무도 모를 거예요). 화산한테도 이로운 거예요. 하지만 아저씨는 별한테 하나도 이로울 게 없네요."

우리 삶에 있어서 중요한 것은 그 무엇에 대한 많고 적음이 아니며, 가치의 문제도 아니다. 누군가가 그 어떤 것에 대해, 누군가에 대해 얼마나 의미를 부여하고 소중히 여기느냐가 중요하다. 보잘것없는 하녀라도 그 하녀에게 내가 사랑을 주고 의미를 부여한다면 그녀는 이 세상에서 가장 소중한 나의 공주가 된다. 어떤 물건이 쓰레기통에 버려야 될 만큼 쓸모없는 것이라도 내가 보기에 유용하고, 소유하고 싶어서 거기에 의미를 부여하면 나에겐 더없이 중요한 물건이 된다.

중요한 것은 어린 왕자의 말대로 보이지 않는다. 이 세상이 아무리 완벽하다 해도 우리가 어떤 생각으로 보느냐에 따라 그 평가가 달라진다. 그러므로 내가 보기에, 내가 평가하기에 대수롭지 않다고 해서 무시하거나 평가절하해서는 안 된다. 나의 것, 나의 관계는 내가 평가하는 것이지만 그의 것, 그의 관계는 그가 평가하는 것이다.

그 무엇을 중요하게 여기느냐에 따라 그의 인생이 달라지고, 나의 인생이 달라진다. 중요하게 여기는 것, 평가하는 것은 보이는 것이 아니라 우리의 생각, 우리의 마음에서 만들어진다. 이 보이지 않음의 중요함이 우리의 삶을 이끌어간다. 그래서 우리에겐 그 평가를 어떻게 잘해야 하느냐, 어떻게 제대로 보는 마음의 눈을 갖느냐가 중요하다. 자신의 미래를 위해서는 자신에게 있어서 중요한 것과 그렇지 않은 것을 제대로 볼 수 있는 지혜로움이 필요하다. 그 평가에 따라 자신의 인생이, 미래가 정해지기 때문이다.

우리는 누구나 이런 사업가적 성향을 가지고 있다. 하지만 이런 성향이 강한 사람들이 있다. 이들을 만난다면 우리가 배워야 할 점들이 많다. 이들은 그 무엇에서 가치를 만들어내는 능력이 있기 때문이다. 남들은 전혀 쓸모없다고 생각하는 것에서도 가치를 발견하는 능력이 있다. 이들을 만나면서 그런 것을 배우는 자세로 임한다면 그들과 상생의 관계를 유지할 수 있을 것이다. 물론 적당한 선에서 남에게 베풀 줄 알고 배려할 줄 알아야 하는 것도 잊어선 안 된다.

공무원들을 만나기 전에 알아야 할 것들

–점등인의 별에서

명령 복종의 원칙과 공무원 사회

점점 세상이 빨리 돌아간다. 아침에 집을 나서는 순간부터 우리는 달음박질하듯 하루를 산다. 마치 우리 뒤에 꼬리가 달려 있고, 그 꼬리를 누가 잡아 뽑으려고 쫓아오기라도 하는 것처럼 여유 없는 삶의 연속이다. 그렇게 빨리빨리 살지 않으면 뒤처진다. 모두들 빨리 달리기 때문이다. 누군가 느리게 살기 시작하면 하나둘 느리게 사는 사람도 늘어날 텐데, 모두들 제 정신이 아닌 듯이 달려만 간다.

점등인은 자기의 할 일을 충실히 하는 인간형이다. 이 세상에서 가장 보편적인 인간이다. 위대하지도 않고, 그렇다고 쓸모없는 인간도 아닌, 그래도 괜찮은 인간이다. 그의 손에 의해 가로등의 불이 켜진다. 그리고 불이 꺼진다. 세상이 빨리 도는 만큼 그의 동작도 빨라져만 간다. 우리도 그 점등인을 따라 잠도 설친 채 이 땅에서 그런 삶을 살아간다.

다섯번째 별은 아주 신기했어요. 그 별은 별들 중에서도 아주 작은 별이었어요. 점등인 한 사람이 앉을 만한 자리밖에 없었죠. 어린 왕자는 하늘 어딘가에, 집도 없고 사람도 살지 않는 별 위에 가로등과 점등인이 무슨 소용이 있을까 이해할 수 없었어요. 그럼에도 불구하고 그는 속으로 이렇게 생각했어요.

'이 사람도 불합리한 사람일지 몰라. 하지만 왕이나 허영쟁이나 상인이나 술꾼 같은 엉터리보다는 낫겠지. 적어도 그가 하는 일에는 어떤 의미가 있어. 그가 가로등에 불을 켜면 별을 하나 더, 또는 꽃 한 송이를 새로 태어나게 하는 것이나 같으니까. 그가 가로등을 끄면 꽃이나 별을 잠재우는 거고. 아주 멋진 일이야. 그러니까 정말로 유익한 일이고.'

이 세상은 정확히 맞아 돌아가는 작은 조각들의 모임이다. 일종의 퍼즐게임인 셈이다. 한 조각 한 조각 맞춰놓으면 이 세계가 된다. 한 조각 한 조각 떼어놓으면 퍼즐 조각이 된다. 하나이면서 여럿이고, 여럿이면서 하나다.

이 땅에 사는 이들 각자는 모두 의미 있고 동등한 인격을 가진 사람들이다. 가운데 있는 조각이든 맨 끝에 있는 조각이든 그 조각들이 모두 있어야만 완전한 퍼즐을 이룬다. 이처럼 이 세상 모든 존재들은 다 의미 있고 가치 있는 존재들이다.

우리는 어린 왕자와 함께 점등인에게서 인간적인 진실을 발견하게 된다. 점등인은 명령에 따라 불을 켜고 끄는 사람이다.

"안녕하세요. 왜 방금 가로등을 껐지요?"

"명령이야. 안녕?"

"명령이 뭔데요?"

"가로등을 끄라는 거야. 잘 자거라."

"그럼 왜 방금 불을 켰지요?"

"명령이야."

"전 이해가 안 돼요."

"이해 못할 것은 없단다. 명령은 명령이니까. 잘 잤니?"

그는 가로등을 다시 껐어요.

1+1은 2, 2+2는 4이다. 이것이 우리가 살아가는 삶의 방식이다. 주어지는 날들에 그다지 의미 부여도 없이 살아간다. 살아 있으니까 살아간다. 배가 고프니까, 아니 때가 되었으니까 밥을 먹고, 졸리니까 잠을 잔다. 그렇게 우리는 살아간다. 그냥 되는 대로 살아간다.

세상에는 여러 부류의 사람이 있다. 항상 문제를 만들거나 일을 저질러 놓고 수습하지 않는 사람이 있고, 반면 조용히 자리만 차지하고 사는 사람도 있다. 그리고 점등인처럼 묵묵히 자기에게 주어진 일만 하는 사람이 있다. 점등인처럼 사는 사람들이 많은 사회는 그나마 제대로 돌아가고 문제가 없다. 가장 큰 문제를 일으키는 사람들은 고위층들이다. 쥐어주는 떡이나 먹으려 하면서 자리만 차지하고 사는 사람들이 문제이다.

화려하지 않고 돋보이지도 않지만 자신에게 주어진 일을 묵묵히 하며 원칙의 편에 서서 상식적으로 살아가는 이들이 다수이기 때문에 이 세계는 유지되고 있다. 점등인은 그나마 세상에 도움이 되는 존재이다. 꺼져있는 것을 켜는 역할을 하니까 말이다. 그는 세상에 해를 끼치지는 않지만 지나치게 기계적인 인간이다. 명령에 따라 창의성이 없이 기계적으로만 움직인다. 오직 정해진 틀에 익숙해져서 도저히 반항을 모르는 그런 인간상이다. 그럼에도 불구하고 누군가에게 해를 끼치지 않고 때가 되면 세상을 재우기도 하고, 깨우기도 하니 그런대로 의미 있는 존재이다. 이 점등인에게서 우리가 배워야 할 것은 자기 원칙을 고수하는 자세, 명령에 따라 자기 일에 성실하게 임하는 자세다. 반면 경계해야 할 것은 융통성의 부족이다. 그러한 융통성의 부족이 비생산적으로 만들기 때문이다.

우리 시대의 속도의 모순

물질문명의 발달에 따라 세계는 급격하게 변하고 있다. 컴퓨터 앞에 앉으면 세계 각국과 통할 수 있어서 현실세계와 가상의 세계를 혼동하기도 한다. 그러면서 주위를 돌아보지 않고도 시간을 보낼 수 있는 탓에 점차 이기적으로 변하고 있다.

내가 어렸을 적 농촌생활은 어쩌면 여유 있는 생활이었다. 전기도 들어오지 않았으니 불이라야 호롱불밖에 없었다. 밤이 되면 특별히 할 일이 없어 일찍 잠을 잔다. 아침에는 시계가 소용이 없다. 그냥 날 밝고 해뜨면 대략 일터로 나간다. 일터라야 집앞이거나 멀어봐야 걸어서 10~20분 거리밖에 안 된다. 모여서 품앗이를 한다고 해도 정확히 몇 시에 모인다는 개념이 없다. 대략 몇 사람 모이면 일을 시작하고 늦게 오는 사람은 늦게 일을 시작한다. 정확한 시간개념이 없어도 한결 여유 있는 생활이었다. 그런데 산업사회에 이어 정보화 사회로 변모되면서 세상은 정신없이 바쁘게 돌아간다.

> "나는 너무 힘든 일을 하고 있단다. 예전엔 이치에 맞는 일이었지. 아침에 불을 끄고 저녁에 불을 켰으니까. 낮엔 쉴 시간도 있었고 밤엔 잠잘 시간도 있었고……."
>
> "그러면 그 뒤로 명령이 바뀌었나요?"
>
> "명령이 바뀐 건 아니란다. 비극은 바로 그거야! 별은 해마다 점점 빨리 도는데 명령이 바뀌지 않는 거야!"
>
> "그래서요?"
>
> 어린 왕자가 말했어요.
>
> "지금은 별이 1분에 한 바퀴씩 도니까 나는 단 1초도 쉴 시간이 없는 거야. 1분마다 한 번씩 켰다껐다하니까!"

사람들이 변할 뿐이다. 물질문명의 발달로 삶의 패턴이 바뀔 뿐, 우주는 그대로 있다. 사람들만 무척 바쁘다. 도시의 생활은 전기로 인해 밤낮의 구분마저 모호하다. 그래서 밤낮으로 일하고, 놀고, 뛰어다니게 만들고 있다. 아침에 일어나기가 무섭게 세수하고 뛰어나가고, 낮에도 질주하다시피 뛰면서 일하고, 저녁이면 늦게 집에 돌아온다. 하루에도 지구가 몇 바퀴씩 자전을 하는 듯하다.

시간을 절약하기 위하여 보다 빠른 컴퓨터를 만들어내고, 보다 빨리 달릴 수 있는 교통기구를 발명해 내지만 그럴수록 우리는 더 바쁜 시간들을 보낸다. 왜냐하면 시간이란 절약할 수 있는 것이 아니라 그저 냉혹하게 흘러가기 때문이다. 우리가 여유로워지려면 때로는 그 바쁨 속에서 벗어나 쉬어가는 마음을 되찾아야 한다. 모든 것이 빨라진다고 이대로 행보를 지속하면 우리는 우리 속도에 지쳐 쓰러지고 말 것이다.

우리 주변에는 고쳐야 할 것들이 무척 많다. 세상이 바뀌면 그만큼 그것을 재는 척도도 바뀌어야 한다. 제도도, 법도 세상의 변화에 알맞게 바뀌어야 한다. 쓸모가 없어진 법과 제도, 관습은 버려야 한다. 누구나 보편적으로 지킬 수 있고, 지켜야만 모두가 편안하게 살 수 있도록 바뀌어야 한다.

이 세상에는 세 가지 부류의 사람이 있다고 한다. 꼭 있어야 할 사람, 있으나마나한 사람, 있어서는 안 될 사람 말이다. 사실은 이 세 부류의 사람들 모두 있어야 하는 사람임엔 틀림없다. 오히려 사회에 득이 되는 사람, 득이 안 되는 사람, 해가 되는 사람으로 분류하는 것이 옳다. 이런 점에서 본다면 점등인은 그래도 사회에 득이 되는 사람이다.

이런 왕사는 더 먼 여행을 떠나며 혼자 이렇게 생각했어요. '저 사람은 다른 사람들, 왕이나 허영쟁이나 술꾼이나 상인한테 업신여김을 받을 거야. 하지만 내가 보기엔 우스꽝스럽지 않은 사람은 저 사람뿐

인 것 같아. 아마 다른 무언가에 열중하고 있기 때문일 거야.'

그는 아쉬운 마음에 한숨을 내쉬며 이렇게 생각했어요.

"내가 친구로 삼고 싶은 유일한 사람인데. 하지만 저 아저씨 별은 정말 너무 작아. 둘이 있을 자리가 없으니……."

어린 왕자가 축복받은 그 별을 잊지 못하는 것은 스물네 시간 동안 천사백사십 번이나 해가 지기 때문이었어요. 어린 왕자는 차마 그 사실을 털어놓지 못했어요.

남에게 잘 보이기 위한 것도 아니고, 그냥 자기 할 일에 어김없이 충실한 사람이 많을수록 그 사회는 살 만하다. 세상일을 혼자 다하는 것처럼 굴면서 뒤로는 사회를 좀먹는 암적인 존재들이야말로 득이 안 되는 사람이다. 겉으로는 화려하게 사는 듯하지만 남에게 폐나 끼치는 그런 부도덕한 사람이 많은 사회는 불행하다. 가장 훌륭한 사람은 자기 땀의 대가만을 누리며 사는 사람들이다. 그런 사람이 많은 사회일수록 건강한 사회이다.

묵묵히 자신의 일에 충실한 사람들이 대부분인 세상이다. 점등인과 같은 이들이 아직은 많아서 이 세상은 유지된다. 진정 땀 흘려 일하는 이들이 정당한 평가를 받고, 말로만, 생각으로만 한몫하려는 이들이 대우받지 못하는 세상이 될 때 살 만한 나라가 된다.

점등인처럼 원칙적인 사람, 소박한 사람, 공무원 같은 사람을 만나면 때로 답답하고 재미가 없을 수 있다. 하지만 원칙에 충실한 이런 사람들을 만나면서 나름 자기 원칙을 갖는 법을 배운다면 서로가 도움을 주고 받는 좋은 관계를 유지할 수 있다. 그럼에도 지나치게 원칙에만 충실하려는 마음을 경계해야 한다. 세상의 모든 원칙, 관습, 제도의 전제는 인간이기 때문이다. 이런 공무원 형의 사람들에게 권해야 할 것은 상황 변화에 따른 융통성, 현실을 적극적으로 해석하고 문제를 해결하려는 창의성, 불필요한 것을 버리고 새로운 것을 추구하는 생산성이다. 세상 모든 것은 인간을 위해 인간이 만든 인간들의 것임을 서로 인정하면 좋은 관계로 발전할 수 있다.

탁상공론의 학자를 만나기 전에 알아야 할 것들

–지리학자의 별에서

탁상공론의 오류

탁상공론이란 이야기를 많이 듣는다. 가만히 앉아 책을 통해서 또는 보고를 통해서 듣고 그대로 실행하다보니 그릇된 정책이 입안되고 실행된다. 정책에 오류가 많고 제대로 집행되지 않는 것은 이론에만 의존하는 학자들, 또는 정치가들 탓이다. '백문이 불여일견' 이란 말이 있다. 삶을 살아가는 데 있어서 무엇보다 중요한 것은 경험을 통한 산지식이다. 지혜는 빌릴 수도 있지만 경험은 돈 주고도 살 수 없기 때문이다.

사람들은 가급적 앉아서 많은 것을 배우려 한다. 하지만 배움에 있어서 체험보다 분명하고 명확한 것은 없다. 생각하면서 경험하고, 경험하면서 생각하는 사람은 무슨 문제를 만나든 제대로 해결하는 법을 알게 된다.

우리 주변을 보면 책상중심의 인물들이 높은 자리를 차지하고 있다.

매일 승용차만 타고 다니던 사람이 교통부장관을 한다. 엘리트 교육만 받은 사람이 교육부장관을 한다. 일이라곤 해본 적이 없는 사람이 농수산부장관을 하고 노동부 장관을 한다. 직접 체험을 하지 않고는 그 뭔가에 대한 본질을 알 수가 없다. 그러니 그들이 약자들이나 시민들의 아픔을 알 리가 없다. 그들은 단지 자신들의 기득권 싸움만 할 뿐 진정으로 국민을 생각해서 앞장서려 하지 않는다.

지리학자가 말했어요.
"그래 맞아. 하지만 난 탐험가는 아냐. 나는 별 탐험가를 하나도 못 만났어. 도시, 강, 산, 바다, 대양, 사막을 세러 다니는 사람이 지리학자가 아니거든. 지리학자는 너무도 중요한 사람이어서 돌아다닐 수가 없단다. 자기 책상을 떠나는 법이 없는 거야. 서재에서 탐험가를 맞아들이지. 지리학자는 그들에게 질문을 하고 그 탐험담을 기록하는 거야. 그러다가 어떤 탐험가의 도덕성을 조사하게끔 하는 거야."

책상머리에 앉아서 남의 공이나 가로채는 엘리트들이 많다. 남이 연구해온 것을 제 자신이 연구한 것인 양 발표하면 제 것이 된다. 어떤 일을 해도 손가락 하나 까딱하지 않으면서 기공식이나 준공식에 참석해 테이프만 자르면 그 사람이 한 일이 된다. 이 세상을 짊어지고 가는 대신에 뒷짐 지고 따라만 가는 식이다.

세상에는 참으로 여러 부류의 사람들이 살고 있다. 자신에게 주어진 일에 최선을 다하는 사람이 있는가 하면, 자신의 게으름을 감추기 위해 다른 사람들의 공을 가로채는 사람이 있다. 또한 자신의 약점을 감추려고 거짓말하고 자신을 돋보이려는 사람들이 있다. 진리는 진리로 전달되어야 하는데 진리를 왜곡하는 사람들이 있다.

"거짓말한 탐험가는 지리학자의 책에 재난을 불러올 수도 있기 때문이지. 술을 너무 많이 마시는 탐험가 역시 마찬가지야."

"그건 왜요?"

어린 왕자가 물었어요.

"주정뱅이는 모든 걸 둘로 보기 때문이야. 그러면 지리학자는 산이 하나밖에 없는 곳인데도 둘이 있다고 기록하게 되지."

"품행이 나쁜 탐험가를 저도 한 사람 알고 있어요."

어린 왕자가 말했어요.

엘리트들일수록 정직해야 한다. 필요 이상의 거짓말은 하지 말아야 한다. 이들은 농담이라도 함부로 하면 안 된다. 일개 서민의 농담은 별 영향이 없지만 이들의 농담 한 마디는 온 나라를 뒤흔들 수 있기 때문이다. 그러므로 엘리트는 모범이 되어야 하며 정직해야 한다.

기록에 남지 않아도, 소리 없이 사라져도 그건 그 나름대로의 의미를 갖는다. 역사에 기록되어 있지 않아도 이 세상이 이제껏 이어온 것은 소리 없이, 그리고 아무런 흔적도 없이 사라져간 민초들이 있기에 가능했다.

"오! 내 별은 별로 재미있진 못 해요. 아주 작거든요. 화산이 셋 있는데, 불 있는 화산이 둘, 불 꺼진 화산이 하나예요. 하지만 아무도 몰라요."

어린 왕자가 말했어요.

"아무도 모른다."

지리학자가 말했어요.

"꽃도 하나 있고요."

"우린 꽃 따위는 기록하지 않는단다."

"왜요? 내 별에서 제일 예쁜 건데!"

"꽃은 덧없는 것이기 때문이야."

역사는 기록의 산물이지만 이 세상 모든 사람들의 역사가 아니라 권력자나 권력을 둘러싼 사람들에 대한 기록일 뿐이다. 아무리 훌륭하게 살다 간 사람이라도 권력이 없는 사람은 기록되지 못한다. 대부분의 사람들은 살아 있을 때만 의미 있는 들러리에 불과하다. 그래서 사람들은 죽기 살기로 권력에 연연하고 권력을 얻기 위해 수단과 방법을 가리지 않는다.

하지만 비록 역사에 기록되진 못해도 남에게 득이 되게 살면 최고의 삶이다. 사후의 명성보다도 현재에 얼마나 의미 있는 삶을 살려고 노력하느냐에 따라 행복을 느낄 수가 있다. 남에게 얼마나 박수를 받고 칭찬을 받느냐보다는, 나를 어떻게 다스리며 살고 있느냐가 더 중요하다.

탁상공론의 결과로 나타나는 것들을 실제 삶에 적용할 때에는 무익한 경우가 많다. 실제로 삶을 살아가는 데에는 사전이나 교과서에서 얻은 지식, 또는 학교에서 배운 지식들보다는 경험지식이 더 필요하다. 비행사에게는 지도상에 나와 있는 지리의 지식보다 비행을 했던 선배들이 가르쳐주는 경험지도가 더 유용하다. 마찬가지로 사회 각 분야에서는 그 분야에서 실제로 일했던 이들의 경험지식이 훨씬 더 유용하다.

변하지 않는 진리와 중요한 것

세월이 흘러도 변하지 않는 것, 시간과 장소에 관계없이 언제나 다름이 없는 것을 우리는 진리라고 한다. 그래서 이 땅에는 철학이 필요하고, 종교가 필요하고, 교육이 필요하다. 진리란 상대적인 것이 아니라 객관적이어야 하므로 엄밀한 의미에서 진리란 그리 흔하지 않다. 그래서 우리 인간은 진리를 늘 그리워한다.

진리란 과거에도 그러하였고, 현재에도 그러하고 미래에도 그러하리란 확신이 있는 것을 말한다. 그래서 진리는 문법에서 항상 현재형으로 쓴다. 과거의 이야기는 과거형(과거 완료형 또는 과거 진행형)을 쓰는 데 비해 진리를 쓸 때는 언제나 현재형으로 쓴다. '해는 동쪽에서 떠서 서쪽으로 진다' 는 말은 예나 지금이나 변함이 없다. 우리는 그것을 진리라고 부른다.

그러나 과거에는 진리였던 것이 현재는 진리가 아닌 것이 있다. 현재의 진리가 미래에는 진리가 아닐 수도 있다. 예를 들면 옛날에는 지구가 사각형이라고 생각했다. 그리고 그것이 당시에는 진리로 인정되었다. 우리는 얼마 전까지도 '뱀이 개구리를 잡아먹는다' 고 믿었다. 그러나 황소 개구리가 뱀을 잡아먹는 시대가 도래하고 보니 지금 우리가 진리라고 믿는 것들도 완전한 진리라고 할 수 없을 듯싶다.

지리학자가 이렇게 대답했어요.

"지리학 책은 모든 책 중에서 가장 중요한 책이야. 절대로 유행에 뒤떨어져서는 안 돼. 산이 자리를 옮기는 건 아주 드문 일이야. 대양에 물이 마른다는 것도 아주 드문 일이고. 우리는 영원한 것들을 기록하는 거야."

어린 왕자가 말을 막았어요.

"하지만 꺼져 있던 화산이 다시 깨어날 수도 있잖아요? 그런데 '덧없다' 는 게 무슨 뜻인가요?"

"화산이 죽었건 살았건 상관없어. 그건 우리에겐 똑같은 거야. 중요한 것은 산이야. 산은 변하지 않는 거니까."

"그런데 '덧없다' 는 것은 무슨 뜻이에요?"

한번 질문을 던지면 절대 포기하지 않는 어린 왕자가 다시 물었어요.

"그건 '머지않아 사라질 위험이 있다' 는 뜻이야."

"내 꽃이 머지않아 사라질 위험이 있다고요?"

"물론이지."

쉽게 변하는 것이 아름다울 수 있다. 그러나 그것은 덧없다. 반면에 늘 그대로 있는 것은 보기에 답답하고 구태의연할 수도 있다. 하지만 늘 변함이 없는 것이 더 가치가 있다. 사람도 마찬가지다. 쉽게 만나고 쉽게 헤어지는 관계는 아름다운 게 아니다. 오랫동안 만나면서 서로의 진가를 알게 되는 관계, 그런 만남이 아름다운 것이고, 우리 마음속에 오래도록 간직해야 할 만남이다.

누군가 기다릴 사람이 있는 사람은 행복하다. 그 누군가를 가끔 생각할 수 있다는 것은 행복한 일이다. 그 생각이 설령 아픔이어도 누군가를 만났었다는 것, 그리고 그 누군가에게 의미 부여를 할 수 있었다는 것은 우리가 서로 더불어 사는 경험이기에 소중한 추억이다. 추억을 만들며 산다는 것은 아름다운 일이다. 아무런 추억도, 애련한 기억도 없이 산다는 건 무미건조한 삶이다. 이런 소박한 마음들이 점차 사라져가고 있다. 우리는 만남에 있어 어떤 이해관계에 의해 만나고 헤어지곤 한다. 순수하게 만나는 만남이 점차 줄어든다. 그래서 간직할 만한 추억의 숫자가 줄어들고 있는 세상이다.

어린 왕자는 생각했어요. '내 꽃은 덧없는 거구나. 내 꽃은 세상에 대항하여 자신을 보호하기 위해 네 개의 가시밖에 가진 것이 없는데, 그런 꽃을 내 별에 혼자 남겨두었다니!'
처음으로 그가 후회한 순간이었어요. 그러나 그는 다시금 용기를 내었어요.
"제가 어떤 곳을 방문하는 게 좋을지 조언 좀 해주실래요?"

그는 물었어요.

"지구란 별이 있어. 그 별은 평판이 좋거든……."

지리학자가 대답했어요.

어린 왕자는 자기 꽃을 생각하며 길을 떠났어요.

순수라는 말과 순결하다는 말은 다르다. 순결하다는 것은 그 무언가에 노출되지 않은 상태를 말한다. 바꾸어 말하면 그것에 대해서는 무지한 상태를 말한다. 반면 순수하다는 말은 그 무엇인가에 대해서 알고는 있지만 그것이 옳은 방향이 아닐 때는 자제하고 스스로를 지킬 줄 아는 것이라 정의할 수 있다. 우리는 그런 순수한 마음을 간직하고 싶어 한다.

누군가 자신을 생각해주고, 자신에게 도움을 주기를 바라는 그런 마음은 순수하지 못하다. 보다 순수한 것은 그 만나는 사람이, 아니 자신이 지금 생각해주고 있는 사람이 자신에겐 전혀 도움이 되지 않는 사람일수록 좋다. 내게 전혀 도움이 되지 않지만 마음 하나 진실하다면 그 만남은 좋은 만남이며, 그 순수한 만남이 아름답다.

우리에게 소중한 것은 거창한 진리가 아니어도 좋다. 세월이 흘러도 소중하게 기억될 사람과의 만남에서 얻어지는 것들, 지워야 아프지 않을 기억이지만 왠지 지우기 싫은 추억, 어울리며 부대끼며 살면서 그 사람들 속에서 울고 웃는 가운데 쌓이온 기억들, 그 당시에는 비록 아팠을지라도 지금은 아름답게 느낄 수 있는 추억들을 내 삶의 소박하고 순수한 진리로 만들며 살아가야 한다.

대부분의 사람들은 자신보다 똑똑한 사람들을 경계한다. 더구나 말이 잘 안 통하는 사람들에게 거부감을 느낀다. 물론 자신도 그런 성향일 수 있다. 따라서 인간관계에서 가장 중요한 것은 겸손한 자세이다. 어느 누구라도 무시하지 않고, 또한 어느 누구에게라도 주눅 들지 않고 서로가 동등하다는 생각으로 관계를 맺어야 한다. 그럴 때 좋은 만남, 좋은 관계가 지속될 수 있다.

어린 왕자의 사람을 사랑하는 법

초판 찍은날 2013년 8월 7일 초판 펴낸날 2013년 8월 16일

지은이 최복현

펴낸이 김현중
출판실장 옥두석 | 책임편집 이선미 | 디자인 권수진 | 관리 위영희

펴낸곳 (주)양문 | 주소 (132-728) 서울시 도봉구 창동 338 신원리베르텔 902
전화 02.742-2563~2565 | 팩스 02.742-2566 | 이메일 ymbook@empas.com
출판등록 1996년 8월 17일(제1-1975호)

ISBN 978-89-94025-27-8 03800 잘못된 책은 교환해 드립니다.